Rentrée littéraire 2013, 555 romans, et la révolution numérique

D'Amélie Nothomb à Jean d'Ormesson... la révolution interdite

Du même auteur*

Certaines œuvres sont connues sous différents titres.

Romans

Le Roman de la révolution numérique
Ils ne sont pas intervenus (Peut-être un roman autobiographique)
La Faute à Souchon
Quand les familles sans toit sont entrées dans les maisons fermées
Liberté j'ignorais tant de Toi
Viré, viré, viré, même viré du Rmi !

Théâtre

Neuf femmes et la star
Les secrets de maître Pierre, notaire de campagne
Ça magouille aux assurances
Chanteur, écrivain : même cirque
Deux sœurs et un contrôle fiscal
Amour, sud et chansons
Pourquoi est-il venu :
Aventures d'écrivains régionaux
Avant les élections présidentielles
Scènes de campagne, scènes du Quercy
Blaise Pascal serait webmaster
Trois femmes et un Amour
J'avais 25 ans
« Révélations » sur « les apparitions d'Astaffort » Brel Cabrel

Théâtre pour troupes d'enfants

La fille aux 200 doudous
Les filles en profitent
Révélations sur la disparition du père Noël
Le lion l'autruche et le renard,
Mertilou prépare l'été

* extrait du catalogue, voir page 132

Stéphane Ternoise

Rentrée littéraire 2013, 555 romans, et la révolution numérique

D'Amélie Nothomb à Jean d'Ormesson... la révolution interdite

Sortie numérique : 8 septembre 2013

Depuis octobre 2013, les livres de Stéphane Ternoise sont également (presque tous) disponibles en papier.

Livre papier : http://www.livrepapier.com

Livre pixels : http://www.livrepixels.com

Jean-Luc PETIT Editeur

Stéphane Ternoise versant essayiste :

http://www.**essayiste**.net

Tout simplement et logiquement !

Site officiel : http://www.ecrivain.pro

Stéphane Ternoise

*Rentrée littéraire 2013, 555 romans,
et la révolution numérique*

*D'Amélie Nothomb à Jean d'Ormesson... la
révolution interdite*

Livres Hebdo a lancé le chiffre le 27 juin
2013 : 555 romans attendus à la rentrée
littéraire.
Et tous l'ont repris, sans même chercher à
savoir s'il représentait la réalité ou l'agitation
du microcosme de l'oligarchie.

Les chiffres ne sont pas toujours ceux que l'on
veut nous faire croire. Ici, il convient de faire
croire que la « *production romanesque de
l'automne* » sera en baisse, et cerise sur le
gâteau : « *pour la troisième année
consécutive.* » Grande sagesse des maisons
d'édition qui naturellement ne publient que le
top, d'Amélie Nothomb à Jean d'Ormesson, en
passant par Olivier Poivre d'Arvor ou Yasmina
Khadra...

555 romans français et étrangers publiés
entre août et octobre, contre 646 l'année

dernière. Grande sagesse en littérature française (357 titres, contre 426 en 2012) comme en littérature étrangère (198 titres, contre 220). Pour la première fois depuis douze ans, la production repasse même sous la barre symbolique des 600 titres. Lectrices, lecteurs, précipitez-vous chez votre libraire chéri, celui qui met sur les tables les livres dont parlent vos critiques naturellement indépendants (même quand ils publient chez le même éditeur !)...

Pourtant, malgré cela, une hausse des premiers romans : 86 contre 69 l'année dernière. Message à peine codé aux jeunes « les éditeurs vous attendent, ne foncez pas dans l'impasse numérique. » Par exemple, Laure Adler publie son premier roman. Des journalistes ne manqueront pas de lui accorder de l'espace publicitaire.

Rentrée littéraire 2013, 555 romans... et la révolution numérique... Quelques mises au point, des analyses sûrement intolérables et les premières pages du « *roman de la révolution numérique.* »

Stéphane Ternoise
http://www.romancier.org

La course aux Prix Littéraires...

Goncourt, Renaudot, Femina, Médicis, Interallié, Académie française...

L'auteur d'un premier roman peut même remporter la timbale Goncourt, Jonathan Littell, en 2006 et Alexis Jenni 2011, seront sûrement conviés à rappeler leur fantastique performance.

Jean-Marc Roberts est mort en 2013. Qui peut désormais se prévaloir de la plus grande influence en matière de prix ? Non, les membres des jurys sont indépendants ?

Je n'ai pas lu "*François-Marie*" de Jean-Marc Roberts, publié le 6 mai 2011 chez Gallimard (10 euros pour 96 pages).
Ce plaidoyer pour François-Marie Banier (durant le "*volet Banier*" de l'affaire Bettencourt), Jérôme Garcin l'a raconté dans "son" *Nouvel Obs*, du 28 avril 2011.
« *À 57 ans, le PDG des Editions Stock, auteur d'une vingtaine de romans, dont «Affaires étrangères», prix Renaudot 1979, membre influent de la société littéraire, avoue pour la première fois son goût pour les voyous, sa propension à s'encanailler, sa phobie de la respectabilité. Il aura fallu cet éloge d'un paria dont il jalouse la démesure, le panache,*

l'imagination, peut-être même les forfaits, pour qu'il montre son vrai visage. Un visage parfois grimaçant. Ici, par exemple, il ironise volontiers sur les femmes qu'il a épousées, dont il a divorcé ; il n'est pas très fier de la manière dont, chaque automne, il magouille pour que ses auteurs obtiennent des prix ; il juge d'ailleurs que le milieu littéraire s'aigrit et se momifie ; il malmène, une fois encore, ses propres livres, des « petits romans de saison », selon Banier ; il écrit soudain qu'il a appris à se « sucer seul » (!); bref, il ne s'aime décidément pas. »

C'est ainsi que Jérôme Garcin a résumé l'éditeur d'Aurélie Filippetti, un patron d'une maison Lagardère, avec « *il n'est pas très fier de la manière dont, chaque automne, il magouille pour que ses auteurs obtiennent des prix; il juge d'ailleurs que le milieu littéraire s'aigrit et se momifie.* » Propos sans exigence de droit de réponse, et qui semblent plausibles. Pourtant Aurélie Filippetti peut blablater son grand cirque de la jeune femme devenue écrivain grâce à son éditeur...

Le critique littéraire en 2013

Mardi 13 août 2013, *France-Inter*, fin de matinée, "*le septante-cinq minutes*" où Charline Vanhoenacker et Alex Vizorek reçoivent Eric Naulleau, visiblement, selon eux, le critique littéraire le plus important du pays...

Intéressant, pour un écrivain ne regardant plus la télévision depuis 1993...

En conclusion d'un extrait d'une émission suisse qui observait la France, la présentatrice précise « *Laurent, attaché de presse indépendant... il a osé dire ce qui ne se dit pas toujours.* » C'était : « *Les journalistes à Paris sont devenus des marquis et des marquises. Le problème c'est que tant que les journalistes seront eux même des écrivains, le copinage il existera toujours.* »

Éric Naulleau enchaîne : « *à la télé y'a presque plus de critique, et que de la promo... y'a quelque chose à réformer... ce qu'on fait passer pour de la critique, c'est simplement un service promotionnel.* » Plus loin : « *c'est un milieu incestueux, vous allez avoir toutes les formes de copinage possible et c'est vraiment le règne du réseau, hors le réseau pas de salut. Vous avez des tas d'auteurs dont l'existence ne tient qu'à leur réseau.* »

Charline découvre l'édition (plus tard elle intronisera un nouvel éditeur, « *broché* ») : « *y'a des auteurs qui écrivent des livres, qui* sont aussi jury dans les prix littéraires donc là c'est déjà peut-être un peu limite parce qu'on est quand même dans une maison d'édition et puis on doit en juger d'autres, qui ont aussi leur propre émission et qui ajoutent peut-être une chronique dans la presse alors là on arrive avec différentes casquettes... »

Eric : « je reçois dix livres en moyenne par jour... J'ai lu un livre qui va paraître à la rentrée, d'un critique multicarte et très talentueux, Arnaud Viviant, qui travaille avec moi... Il a une expression pour l'endroit où il stocke tous les services de presse, ça s'appelle "Le Couloir De La Mort"... ce sont des centaines de livres qui s'accumulent et humainement c'est pas possible d'en venir à bout... On se dit celui-là j'aimerais bien le lire et il va être enterré sous les envois du jour... La surproduction est un problème mais regardez ce qui va se passer, et je vous invite à le vérifier lors de la prochaine rentrée littéraire, il va y avoir 600 ou 700 livres j'ai pas le chiffre exact, y'en a disons 20-30 qui vont vraiment tirer leur épingle du jeu, il va y avoir une deuxième division qui va concerner 20-30 livres et la plupart des livres ne seront jamais recensés. »

Et personne sur le plateau du 13 août 2013 pour intervenir d'un vibrant « le chiffre vient de tomber (*Livres Hebdo* du 27 juin 2013) : 555. » Étonnant !

Alex : - *Est-ce que le vrai métier, il est pas là, c'est d'aller sur les dix livres que vous recevez par jour trouver celui de l'auteur qu'on ne connaît pas et de dire "celui la est bien." Plutôt que de dire "le Nothomb de cette fois-ci, il est bof" ?*

Eric : - *Moi, j'essaye de faire les deux, c'est-à-dire, je vais chercher dans les coins parce que j'aime bien les littératures excentrées, excentriques mais ça m'est arrivé de traiter Nothomb ou des best-sellers parce que sinon y'a jamais de contre-parole critique, y'a jamais un mauvais article sur Nothomb, le plan promotionnel marche à plein donc faut que de temps en temps il y ait une contre-parole critique...*

Mais non, monsieur Naulleau, la contre-parole critique fait partie de la promo, et prend la place d'un article sur Ternoise ! Ni Éric Naulleau ni Arnaud Viviant, pas même Alain Beuve-Méry ou Jérôme Garcin, ne recevront, ne pourront marcher sur le livre en papier « *la révolution numérique...* » dans leur couloir de la mort. Peut-être, une version numérique leur sera envoyée. "Logiquement", dans ma position, espérer quelque chose de ces sommités serait insensé. Le contact direct écrivain / lectrices-lecteurs semble indispensable dans cette voie de l'indépendance, ma route depuis 1991... Finalement, j'ai tenu deux décennies sans compromission !

Des parlementaires au service des installés...

Un fatalisme malsain s'est installé chez les écrivains. Ils n'espèrent plus qu'essayer de profiter un peu du système, placer des mauvais livres en échange de services rendus, faire du fric, un minimum, ou un maximum. La loi 2012-287 du 1er mars 2012 est passée sans qu'ils se réveillent... Une loi équitable, fruit d'un accord entre les différents intervenants du monde de l'édition, d'un consensus politique... Mais dans le dos des auteurs des 500 000 à 700 000 livres concernés !

Pourquoi des livres ne sont plus disponibles en papier alors qu'ils furent édités ? Car les éditeurs ont préféré les détruire, les envoyer au pilon, plutôt que de respecter le contrat les obligeant à les maintenir disponibles. Ou n'ont pas réimprimé après leur épuisement... parce qu'ils ne croyaient pas à la rentabilité d'un nouveau tirage. Mais pour qu'un auteur récupère ses droits de publier en papier, il doit faire constater ce manquement au contrat, en suivant la procédure décrite à l'article L.132-17 du Code de la Propriété Intellectuelle. Tout auteur, ou tout ayant droit, est libre de mettre fin à cette indisponibilité, soit en priant l'éditeur qu'il remplisse son contrat en rendant de nouveau le livre disponible, soit en récupérant les droits d'édition.

Le Code de la Propriété Intellectuelle, en encadrant le contrat d'édition, a prévu qu'un éditeur, malgré un contrat le liant à l'auteur, pourrait un jour ne plus en assurer sa diffusion. Mais l'auteur doit prouver qu'il n'est plus disponible... et face à un éditeur de mauvaise foi, l'évidence reste à démontrer juriquement... et l'éditeur n'appréciera pas forcément une telle démarche alors que l'auteur lui présentera son prochain roman... donc il préfère ne pas « se faire mal voir. »
Mais la loi concerne les droits numériques, qui appartenaient à l'auteur !

Numérisées avec le soutien de l'Etat, ces indispensables oeuvres « indisponibles » du vingtième siècle seront utilisées par les éditeurs, et les auteurs pourront récupérer des miettes en adhérant à une SPRD, société de perception et de répartition des droits... Si un jour des miettes restent à redistribuer !
Naturellement, les auteurs concernés ont le droit de refuser... nous sommes en démocratie ! On ne confisque pas le travail intellectuel, chez nous ! Pour s'opposer il faut rapidement manifester son refus... Le contre la montre est déjà déclenché pour certains : le décret 2013-182 fut signé le 27 février 2013 par Jean-Marc Ayrault, Premier ministre, et Aurélie Filippetti, ministre de la culture.
Il existe "une première base" intitulée "Relire"
http://relire.bnf.fr

Avec 60 000 titres sur un total estimé à 500 000. Sa constitution aurait déjà coûté 124999 euros, versés à *Electre*... Bonnes affaires pour certains... Peu importe l'argent public, l'essentiel semble bien d'offrir aux éditeurs ces droits. Ces 60 000 œuvres, dont l'éditeur abandonna l'exploitation en papier, témoignent de la qualité générale... Peu importe la qualité pourvu qu'on ait le fric ! Certains s'interrogent sur le pourquoi de ceux-là. Y aurait-il eu des souhaits discrètement émis par des éditeurs ? Y aurait-il eu d'autres manœuvres ?

En consultant cette base, de nombreuses personnalités apparaissent. Fabuleuse pêche ! Avec parmi les indisponibles 2013 : Frédéric Mitterrand ! Jean-Marc Ayrault, son petit livre de 71 pages, publié en 1995 chez *Siloë*, dans une collection "magistralement" intitulée "*De circonstance*." Il s'agit bien du même, le premier Ministre. Même si cette contribution ne figure même pas dans sa page wikipédia qui serait la bible du savoir !

Les liens de la Bnf fournissent : député-maire de Nantes (en 1990) né le 25 janvier 1950.

Il côtoie dans cette merveilleuse bibliothèque idéale d'éminents hommes passés à Matignon : Lionel Jospin (pourtant édité dans la même grande maison du groupe Lagardère qu'Aurélie F.), Alain Juppé, Édouard Balladur avec une abondante production. Quinze de ses ministres de 1986-1988 l'accompagnent dans cette peu glorieuse liste, ce qui n'est pas exceptionnel, le gouvernement précédent, socialiste, grimpe à dix-huit avec de grands écrivains tels Bernard Tapie, Bernard Kouchner ou Jean-Michel Baylet. Michel Rocard, Jacques Chirac, Pierre Mauroy, Raymond Barre (également prolixe préfacier), Pierre Messmer, Jacques Chaban-Delmas, Maurice Couve de Murville...

Il existe naturellement "des écrivains". Le 13 avril j'ai ainsi publié "*Alertez Jack-Alain Léger !*" Depuis la découverte de "*Ma vie (titre provisoire)*" où il y raconte ses déboires et son combat contre le milieu de l'édition, livre rose publié en 1997 chez "*Salvy*", petite maison bien nommée peu distribuée, Jack-Alain Léger est devenu "un personnage" de mes essais et romans. Après avoir connu Gallimard, Grasset, Laffont, Julliard, Mercure de France, Denoël, Stock, Christian Bourgois, Flammarion... il publie désormais dans une jeune et petite structure sans grande visibilité... Je notais « Alertez Jack-Alain Léger ! À 65 ans, je pense qu'il loupe la révolution numérique !

Attention, les éditeurs vont vous subtiliser vos droits numériques ! Oui, vous êtes dans la première liste "*Relire*", publiée le 21 mars 2013. Même les droits numériques de "Monsignore" ! Nul doute qu'ils réussiront à en faire du fric... et vous pourrez essayer de récupérer quelques miettes chez leur SOFIA... Vous avez six mois pour ne pas vous laisser "confisquer" vos droits... Comme bien d'autres... Mais vous, je tenais à vous écrire, à vous l'écrire...»

Le 17 juillet, via twitter, maître Pierrat m'informait du suicide de l'écrivain en lutte...

Emmanuel Pierrat @EmmanuelPierrat · 17 Juil
@ternoise je sors du commissariat et irai a la morgue demain : Jack-Alain Léger, dont j'étais le tuteur, s'est défenestré. Je le pleure.

Réduire · ← Répondre · ↻ Retweete · ★ Favori · ••• Plus

6
RETWEETS

6:36 PM - 17 Juil, 13 · Détails

L'état va donc consacrer «*cinquante millions d'euros* » (chiffre de Bruno Racine, président de la Bibliothèque nationale de France) pour numériser 500 000 titres. Soit cent euros au titre. Très cher. Surtout après avoir lu "*La politique du livre face au défi du numérique*", rapport d'information au Sénat de M. Yann Gaillard, en février 2010 : « *selon le ministère de la culture et de la communication, le coût moyen de numérisation d'un livre dans le marché de masse de la BnF est de l'ordre de 50 euros.* » Ce doublement du coût moyen en quelques mois mériterait au moins des éclaircissements...

Pourquoi des écrivains ont accepté un

système où l'auteur doit rapidement réaliser des démarches pour refuser d'être utilisé par la "chaîne de l'édition française", un système similaire à celui que souhaita instaurer Google, dénoncé, combattu, vilipendé, même en France par les éditeurs, les auteurs, les politiques, finalement stoppé par la justice américaine malgré un accord entre le géant de l'Internet et des représentants d'écrivains ?

Cette loi s'apparente à une "suite logique" d'un accord du 1er février 2011, entre le ministère de la culture, le Syndicat national de l'édition (SNE), la Société des gens de lettres (SGDL), la Bibliothèque nationale de France (BnF) et le Commissariat général à l'investissement. Officiellement les écrivains étaient donc représentés, par la SGDL. Oui, des notables censés les défendre ont accepté cette approche inédite du droit d'auteur ! Une nouvelle société de gestion de flux financiers, c'est toujours une chance pour celles et ceux dont l'ambition passe par la présence dans des organismes officiels. Des auteurs ont-ils privilégié leurs intérêts d'alliés des éditeurs ?
Aucun représentant réel des œuvres concernées ne fut invité à la table des négociations. Il est bien plus simple de prétendre ces auteurs "non identifiés" !

Les marchands parviennent toujours à s'entendre avec une oligarchie d'auteurs

quand il s'agit de profiter de l'œuvre d'écrivains silencieux, dispersés, rétifs à toute syndicalisation, "non identifiés."
Vous n'êtes pas organisés, vous serez mangés !
Lionel Tardy remarqua à l'Assemblée : « *ce texte, que l'on sent écrit par les éditeurs, pour les éditeurs.* »

Non spécifiés dans un contrat, les droits numériques appartenaient aux auteurs, qui pouvaient les utiliser... désormais facilement... et avec bénéfices. Depuis l'arrivée d'Amazon, il semble donc qu'il y ait urgence à ne pas permettre aux écrivains "du système" de goûter à l'auto-édition !
Certains avaient essayé d'inventer une incertitude sur la propriété de ces droits, une manière de retenir les écrivains dans le papier, malgré l'article L. 131-3, sans ambiguïté : « *La transmission des droits de l'auteur est subordonnée à la condition que chacun des droits cédés fasse l'objet d'une mention distincte dans l'acte de cession et que le domaine d'exploitation des droits cédés soit délimité quant à son étendue et à sa destination, quant au lieu et quant à la durée.* »
Dans *le Monde* du 21 janvier 2011, Antoine Gallimard, précisait « *Les éditeurs intègrent au contrat d'édition une clause ou lui adjoignent un avenant portant sur les droits*

numériques. La grande majorité des auteurs confient ainsi les droits numériques de leur livre à leur éditeur. Plusieurs dizaines de milliers d'avenants ont été conclus, sans compter les contrats d'édition pour les nouveautés qui incluent depuis longtemps déjà des clauses sur les droits numériques. »

Un vilain tour fait aux écrivains dans un consensus politique qui témoigne surtout du pouvoir exceptionnel exercé par le lobby des éditeurs dans un pays où l'exception culturelle semble surtout devoir profiter aux installés, où il n'est pas choquant qu'à peine 10% des revenus du travail d'un auteur lui revienne... Mais bon, ils l'ont bien mérité d'être roulés dans la farine ces écrivains alliés des éditeurs traditionnels ! Certains prennent la pose rebelle, s'agitent dans un petit syndicat qui voudrait… obtenir des entrées gratuites au salon du livre de Paris ! Non, je ne vais pas plaindre ces écrivains : puisqu'ils méprisent l'auto-édition, qu'ils ingurgitent jusqu'à la lie le breuvage des millionnaires !

Cette loi sommeillait dans les intentions depuis des années. Quand Hachette Livre et Google ont signé un protocole d'accord pour la numérisation, par Google, d'œuvres indisponibles du catalogue Hachette, Vianney de la Boulaye, directeur juridique de Hachette Livre, fut interrogé par Amélie Blocman pour LÉGIPRESSE n° 278 - décembre 2010.

Il y déclare : « *la gestion collective obligatoire est un recours imparable, mais elle ne sera pas mise en place avant 2012-2013...* »

Deux pages d'interview : « *en préambule, les deux parties* [Google et Hachette livre] *prennent acte des divergences ayant existé, pour les dépasser afin de donner un cadre légal à leur coopération. Elles soulignent l'importance de la protection du droit d'auteur.* (...)

Le droit d'auteur est de plus en plus considéré comme un obstacle à la diffusion de contenus culturels... Il fallait donc faire quelque chose. Cet accord fait respecter le droit français et il importe de souligner que l'éditeur reprend le contrôle de ses droits. »

Admirons « *l'éditeur reprend le contrôle de ses droits* » quand il s'agit d'œuvres pour lesquelles les droits appartiennent à l'auteur !

Amélie Blocman ose alors la question cruciale :

- *La numérisation et la commercialisation des ouvrages ne pourront concerner que ceux dont Hachette détient les droits numériques. Êtes-vous à ce jour titulaire de ces droits ?*

Réponse de Vianney de la Boulaye :

- *Le contrôle des droits par Hachette de ses auteurs est primordial. Bien sûr se pose la question de la titularité des droits numériques par Hachette, qui est une condition pour pouvoir rentrer dans le cadre du protocole d'accord. Hachette va devoir revenir vers certains auteurs ponctuellement et réfléchit actuellement à comment "régulariser" au mieux. De même, dans certains contrats antérieurs à la loi de 1957, il n'y a pas de cession de droit. La gestion collective obligatoire est un recours imparable, mais elle ne sera pas mise en place avant 2012-2013... Cependant, la gestion collective volontaire des droits d'auteur peut être envisageable, c'est d'ailleurs une hypothèse étudiée.*

Naturellement, ce vœu de Lagardère, ainsi exprimé publiquement, rejoignait le vœu d'autres grands éditeurs. Pour l'occasion, ils sont tous dans le même bateau... Mais le groupe Lagardère, numéro 1 de l'édition, pouvait se prévaloir des relations privilégiées d'Arnaud avec le président Nicolas Sarkozy (« *Arnaud est plus qu'un ami ! C'est un frère* », proclamait NS en avril 2005). Le changement de Président fut sûrement dédramatisé : journaliste, la compagne de François Hollande est une "belle plume" de *Paris-Match*, de chez Lagardère. Que "la première dame de France" travaille pour l'une des plus grandes holdings, propriétaire du premier groupe français d'édition, ne crée aucun problème ? Cerise sur le gâteau, Aurélie F. sous contrat. Vive la démocratie de la cinquième République française...

Le mal est ancien, la trahison des écrivains trônait déjà dans la loi : **copie privée et droit de prêt en bibliothèque.**
La France s'honore d'aider les écrivains également par la rémunération pour la copie privée et au titre du prêt en bibliothèque. Mais les portes du gestionnaire de cette manne financière, déjà la Société Française des Intérêt des Auteurs de l'écrit (SOFIA), sont fermées aux écrivains indépendants, pourtant professionnels de l'édition, déclarés en profession libérale, auteur-éditeur.
Les consommateurs comme les fabricants considèrent "souvent" qu'ils payent trop cher pour le droit de copie privée, même sur des supports qu'ils utilisent pour la copie de leurs propres données. Les bénéficiaires s'expriment peu. Qui sont les grands bénéficiaires ? Dans le monde du livre, principalement les éditeurs ! Compenser financièrement le préjudice subi par les titulaires de droits d'auteur et de droits voisins afin de maintenir l'exception de copie privée au bénéfice du consommateur, tel est l'objectif claironné du système de la rémunération pour copie privée.
La loi du 4 juillet 1985 a instauré une commission indépendante, composée de représentants des redevables et des bénéficiaires, qui a pour mission de déterminer les modalités de mise en œuvre de

cette rémunération pour copie privée. Les montants collectés sont reversés à hauteur de 75% aux bénéficiaires, soit plus de 129 millions d'euros en 2008. Les installés se partagent ainsi 25% des montants perçus, prétendument dédiés à des actions d'intérêt culturel... L'intérêt culturel de qui ?

Pour les livres, 75% des sommes collectées reviennent aux auteurs ? Mais non, elles passent par cette société de gestion, prétendue administrée à parité par les auteurs et les éditeurs... (avec les célèbres auteurs inféodés aux éditeurs) Quant au "dynamisme culturel", même s'il pourrait être assuré par les écrivains indépendants, les 25 % ne leur sont pas destinés...

Mais tout est bien encadré : une clé de répartition est établie à l'article L. 311-7 du CPI entre les ayants droit en fonction du type d'objet protégé. Pour les phonogrammes, la rémunération bénéficie pour moitié aux auteurs, pour un quart aux producteurs et pour un quart aux artistes interprètes. Pour les vidéogrammes : un tiers aux auteurs, un tiers aux artistes interprètes, le reste aux producteurs. Quant aux œuvres de l'écrit et de l'image fixées sur un support d'enregistrement numérique, la rémunération est répartie à part égale entre les auteurs et les éditeurs.

 « La Sofia... société civile de perception et de

répartition de droits, administrée à parité par les auteurs et les éditeurs dans le domaine exclusif du Livre. Seule société agréée par le ministre chargé de la Culture pour la gestion du droit de prêt en bibliothèque, la Sofia perçoit et répartit le droit de prêt en bibliothèque. Elle perçoit et répartit également, à titre principal, la part du livre de la rémunération pour copie privée numérique. »

Les auteurs peuvent adhérer à la Sofia :

« Pour percevoir les droits gérés par Sofia dans les conditions les plus favorables,
- Pour recevoir régulièrement une information utile sur toutes les évolutions concernant le droit d'auteur et les actions conduites en votre faveur auprès des pouvoirs publics,
- Pour faire entendre votre voix dans la seule société qui réunisse à parité auteurs et éditeurs et qui prenne des initiatives communes au plan politique et juridique pour la défense de vos droits. »

Contre un chèque de 38 euros, l'auteur obtiendra une part sociale. Mais il doit avoir publié à compte d'éditeur...

Quant aux éditeurs ils doivent présenter des contrats d'édition pour adhérer. Ce qui semble exclure "en douceur" la catégorie des auteurs-éditeurs indépendants !

Cette société fut créée en février 2000 par le SNE (Syndicat national de l'édition ; Syndicat

national des éditeurs classiques semblerait plus précis) et la SGDL (Société des gens de lettres de France... gens de lettres passés par un contrat à compte d'éditeur).
Interrogée (je m'étais d'abord intéressé aux droits de prêts), naturellement la Sofia confirme
Le 3 juillet 2012 :

Bonjour,
Je vous confirme que les livres autoédités n'entrent dans le cadre du droit de prêt.
Ils ne sont pas déclarés par les bibliothèques et donc pas rémunérés.
Le contrat d'édition est indispensable.
Je vous précise qu'à ce jour seuls les livres en version papier sont pris en compte.
Cordialement,

Réponse au message du 20 juin 2012 :

Bonjour,

Auteur-éditeur professionnel (numéro Siret, charges Urssaf, Rsi, BNC...), je ne touche actuellement aucun "droit de prêt."

Merci de m'indiquer de quelle manière je peux y prétendre (14 livres en papier et une soixantaine en numérique)

Naturellement, Auteur-éditeur, je ne signe pas de contrats d'édition.

Une phrase m'inquiète
"*Tous les éditeurs cessionnaires de droits d'exploitation d'oeuvres peuvent adhérer à Sofia sur justification de l'existence de contrats d'édition.*
http://www.la-sofia.org/sofia/editeurs-de-livres.jsp"
Elle semblerait signifier que les indépendants sont exclus de la gestion du droit de prêt.

Est-ce le cas ?

Amitiés

Stéphane Ternoise
www.ecrivain.pro

L'existence du droit de prêt en France est une conséquence de la directive européenne n°92/100 du Conseil du 19 novembre 1992, relative au droit de location et de prêt. Elle reconnaît, dans son article 1er, le droit d'autoriser ou d'interdire le prêt d'originaux ou de copies.
La loi du 18 juin 2003 l'a organisé en France en créant un droit à rémunération pour l'auteur au titre du prêt de ses livres dans les bibliothèques. Cette licence légale garantissait aux bibliothèques le « droit de prêter ». Les livres des écrivains indépendants furent donc exclus de la loi ! Comme si certains souhaitaient qu'ils n'entrent pas en bibliothèque...

Adopté à l'unanimité par le Sénat le 8 octobre 2002, le projet de loi relatif au droit de prêt vint ensuite en première lecture à l'Assemblée Nationale le 2 avril 2003 et le Parlement l'adopta le 18 juin 2003.

L'auteur perdait son droit d'autoriser ou d'interdire le prêt des exemplaires de son œuvre... contre une rémunération compensatoire qu'il partage à parts égales avec son cher éditeur... L'auteur, s'entend celui dans le système de l'édition traditionnelle.

L'exclusion des indépendants figure dans le code de la propriété intellectuelle ! Grande démocratie que la France ! Chapitre 3 du livre premier du CPI. Conforme à la Constitution française ? Aucun groupe parlementaire n'ayant contesté la manœuvre, le Conseil Constitutionnel ne s'est pas saisi du dossier. Une loi peut être anticonstitutionnelle : il suffit de léser une minorité silencieuse, une minorité dénigrée au point d'être niée, ici les écrivains invisibles.

Article L133-1

« Créé par Loi n°2003-517 du 18 juin 2003 - art. 1 Journal Officiel du 19 juin 2003, en vigueur le 1ᵉʳ août 2003.

Lorsqu'une oeuvre a fait l'objet d'un contrat d'édition en vue de sa publication et de sa diffusion sous forme de livre, l'auteur ne peut s'opposer au prêt d'exemplaires de cette édition par une bibliothèque accueillant du public.

Ce prêt ouvre droit à rémunération au profit de l'auteur selon les modalités prévues à l'article L. 133-4. »

Une petite phrase suffisante : « *Lorsqu'une oeuvre a fait l'objet d'un contrat d'édition* ». Un écrivain, auteur-éditeur, ne se fait de contrat d'édition : travailleur indépendant, il assume ses charges avec ses recettes.

S'il entrait dans les détails (les connaît-il ?) Martin Malvy pourrait répondre que le *Centre Régional des Lettres* suit l'esprit des lois. Oui, la France est un pays d'exclusion du travailleur indépendant dans le domaine de l'édition.

Actuellement l'État verse une rémunération forfaitaire de 1,50 € par inscrit en bibliothèque publique et 1€ par inscrit pour les bibliothèques universitaires (les usagers des bibliothèques scolaires n'entrent pas dans le calcul). La contribution de l'État est d'environ onze millions d'euros par an…

Quand on lui demande de l'argent, que fait l'écrivain ?

Etre inconnu, c'est difficile ! Payer pour figurer parmi les meilleures ventes ? Sous le titre « *Puissant outil de promotion sur Amazon* » un modeste éditeur essaye de se faire remarquer.

« Bonjour,
Je viens de découvrir un moyen plutôt efficace de gagner de la visibilité sur Amazon :
-----dex est un outil dont le fonctionnement est le suivant :
Il faut inscrire son livre numérique sur le site, ça coute 49 € HT. Ensuite, on commande des ventes de son livre, en payant 125% du prix de vente. Par exemple, pour un livre à 0,99€, on paye 1,24€ / vente commandée.
-----dex propose ensuite le livre à une communauté de lecteurs à qui elle rembourse l'achat.
J'ai propulsé deux de mes livres avec ce système, le premier (…) a été 3 du Top 100 Ebook Amazon / kindle avec 80 ventes, et le second (…) 10e avec 35 ventes. (ce qui permet aussi de découvrir un peu le marché.)
Voilà, c'est juste un outil marketing, après, il n'y a pas de miracle, j'ai pu voir le chemin parcouru par les livres qui ont utilisé cet outil, certains ont réalisé un joli parcours (… est toujours dans les 30 premières places depuis

plus de 50 jours), d'autres sont repartis très vite dans les profondeurs obscurs, ce sont les lecteurs qui décident...
Pour être parfaitement transparent, je participe à un programme d'affiliation, alors si jamais vous avez envie de tenter l'expérience, c'est sympa pour moi si vous passez par ce lien au moment de l'enregistrement de votre livre :... »

Le débat sur le forum privé s'est rapidement envenimé et après quelques échanges, je précisais « *Aurelien,*
Vous n'avez rien gagné... mais le site en question y gagne à tous les coups, et si en espoir de gagner un peu avec l'affiliation, vous faites sa promo, il augmente ses bénéfices... et un jour les lectrices et lecteurs qui achètent via ce site pour être remboursés, seront repérés par Amazon qui supprimera leurs commentaires mais peu importe, le site aura fait son bénéfice...
Todd Rutherford, s'octroyait jusqu'à 28 000 dollars de salaire avec un système similaire... Lui vendait des packs de 20 ou 50 bonnes critiques... Accepter d'enrichir ce genre de site, pour un éditeur, ne me semble pas préférable (pour m'exprimer en stoïcien)...»

J'avais été sollicité sur http://www.auto-edition.com par ce site. Le référenceur espérait même une diffusion, un soutien au "bon plan" car il visait ouvertement les auto-éditeurs. Il s'agit bien de se faire de l'argent sur les personnes en recherche de promotion.

Quand on lui demande de l'argent, un écrivain devrait toujours se méfier... mais... il a envie de croire qu'enfin c'est son jour de chance... Si la somme reste modeste, il sait pouvoir se le permettre... comme le rmiste dans un casino peut lancer quelques pièces dans une machine... Alors il ne lit pas les clauses des conditions d'utilisation, autre terme de contrat, il paye !

Doit-on accepter de payer pour (espérer) atteindre illico le top des ventes des plateformes numériques ?

Augmentez artificiellement et significativement vos ventes, propulsez vos ouvrages en tête des ventes, ainsi vous serez visibles et générerez de vraies ventes...

Cette approche peut convaincre, et surtout permettre à l'organisateur de cet engrenage d'en vivre...

Nous essayons de mettre en place une économie saine du livre numérique. Où la qualité serait visible. Donc nous devons rester vigilants à toute dérive.

Nous : des auteurs indépendants, avec le statut d'auteur-éditeur, des edistributeurs (enfin, plutôt UN, les autres restés imprégnés des vieux circuits oligarchiques), des éditeurs 100% numériques qui semblent s'être lancés dans cette aventure avec l'envie de "faire du bon boulot" (même si, porté par mon "utopie" d'indépendance, j'éprouve toujours de petites difficultés avec ces "collègues"... mais je sais bien la difficulté d'assumer toutes les phases solo (wo)man...)

Quand tentent de s'immiscer des "intermédiaires", des accélérateurs de visibilité... mais à condition de payer !... il se trouve toujours quelques "malins" pour saisir l'occasion...

« Je suis rentré dans mes frais et j'ai eu plus de lecteurs » pour l'éditeur. *« Je me fais un max de fric »* pour l'intermédiaire.

« Pourquoi n'en profiterais-je pas pour lire gratuitement » pour les lectrices et lecteurs.

« Nous allons dans le mur si ce système prend de l'ampleur », les défricheurs du numérique en francophonie. Ainsi pourraient répondre les quatre acteurs actifs de cette grande aventure. Quant à la plateforme numérique, elle peut osciller entre *« pour moi, ça ne change rien, y'a des ventes, que les gens soient remboursés ensuite, ce n'est pas mon affaire »* à *« nous avons besoin de crédibilité, dans le classement des meilleures ventes également. »*

Le monde de l'édition traditionnelle ne me convient pas

Devrais-je, comme tant d'autres qui partagent mes analyses mais préfèrent le taire publiquement, mettre de côté un certain idéalisme et "profiter du système" ? On ne change pas un système, on y fait son trou ! Naturellement, ces « *artistes engagés qui osent critiquer Pinochet à moins de 10 000 kilomètres de Santiago* », ne peuvent risquer de se fâcher avec le monde de l'édition. Face au pouvoir, il est plus facile de grignoter sa part de gâteau. On m'en veut d'oser "caricaturer" en collaborateurs du grand capitalisme des gens le plus souvent prétendus de gauche. Ces gens disponibles pour les "grandes causes" appellent docilement à voter Hollande, Malvy, Cahuzac, Guérini, Baylet, Tapie, Pinel... De bons soldats de gauche...

Selon challenges.fr, Antoine Gallimard (et sa famille) serait la 224ème fortune de France avec 160 millions d'euros en 2012.
Il est "naturellement" devancé par Arnaud Lagardère (et sa famille) au 170ème rang avec 345 millions d'euros.
Lagardère Arnaud ? On ne martèle pas (et il sait rester discret, simplement envoyer des satisfecit à Nourry Arnaud chargé de faire remonter du cash) qu'il est le véritable patron

chez Grasset, Stock, Fayard et compagnie, le groupe Hachette Livre.

Francis Esménard (et sa famille) 296ème avec 115 millions d'euros, fondateur et patron d'Albin Michel (il en contrôle toujours les trois quarts).

Dans "la famille" d'Antoine Gallimard au sens de challenges.fr, ne figure pas "Isabelle et Robert Gallimard et Muriel Toso", *conglomérat* classé au 321ème rang des fortunes de France avec 100 millions d'euros tout rond. Le site du mensuel note *"Ces familles, actionnaires historiques et proches d'Antoine Gallimard, conservent 38 % de l'éditeur (CA : 253 millions)."*

Hervé de La Martinière, 472ème (encore 60 M€), président-fondateur (il en conserve 29 %) de La Martinière, qui a racheté le Seuil en 2004.

Jacques Glénat (et sa famille) 472ème fortune de France également. Il m'est inconnu mais il s'agit d'un grenoblois, à la tête de *Glénat Edition*, sûrement un pilier dans la BD (Chiffre d'Affaire 80 millions en 2012 avec 673 nouveautés).

Pierre Fabre les devance tous, au 54eme rang des fortunes françaises avec 800 millions d'euros. À la tête d'un mastodonte dans le domaine pharmaceutique, il semble s'intéresser aux discrets "vecteurs d'informations" : propriétaire de l'hebdomadaire "*Valeurs actuelles*", considéré très à droite et au capital (6%) de la *Dépêche*, éditeur de "*La Dépêche du Midi*"... qu'on dit très liée aux intérêts de Jean-Michel Baylet. Mais dans l'édition c'est surtout l'éditeur de François Hollande ("*Le rêve français : Discours et entretien (2009-2011)*") et Martin Malvy 2013 qui m'intéresse : « *Créées à Toulouse en 1839, les Éditions Privat restent une des très rares maisons d'édition françaises à rayonnement national à n'être pas située à Paris. Elles ont été achetées par les Laboratoires Pierre Fabre en 1995.* » Pierre Fabre sponsorisait le rugby à Villeneuve-sur-Lot au temps du Cahuzac tout puissant... Il est mort fin juillet 2013, quelques heures après le suicide de Jack-Alain Léger.

Les "*Éditions médicales Pierre Fabre*", ayant par exemple publié "*Atlas proctologic*" de Roland Copé le 1er septembre 1994, ne semblent plus exister.

Amazon présente également un sûrement intéressant "*Les phlébites révélatrices*" de Griton Wallois, publié le 1er janvier 1499. Oui, le 1er janvier 1499, c'est écrit sur Amazon donc c'est vrai !

Travailler avec et pour ces millionnaires me dérangerait. Oui, quand on naît pauvre, on peut éprouver certaines retenues, sans même parler de lutte des classes. Aurélie Filippetti semble penser le contraire (elle écrit sur la lutte des classes mais aucun état d'âme visible à servir des lois aux installés, à part bien sûr Ernest Antoine Seillière) S'il n'y avait que l'argent, peut-être aurions-nous pu nous entendre. Mais il y a les méthodes.

Quelques phrases à opposer aux incompétents (dans le domaine de l'édition), toujours prompts à défendre l'édition nationale :
« *Tout dépend de la maison d'édition dans laquelle vous êtes édité, et du travail fait en amont par les attachés de presse auprès des journalistes et des jurés littéraires.* » Alain Beuve-Méry.
« *Les grands groupes publient, distribuent, vendent et font commenter favorablement les titres qu'ils produisent.* » Baptiste-Marrey.
« *Il* [Jean-Marc Roberts] *n'est pas très fier de la manière dont, chaque automne, il magouille pour que ses auteurs obtiennent des prix.* » Jérôme Garcin.
« *Les écrivains ne se nourrissent pas de viandes ou de poulet, mais exclusivement d'éloges* » résumait Henry de Montherlant… aurait-il opté pour l'indépendance en 2013, comme mon cher Stendhal auquel j'emprunte régulièrement « *l'homme d'esprit doit s'appliquer à acquérir ce qui lui est strictement nécessaire pour ne dépende de personne* » ?
Louis-Ferdinand Céline exagérait sûrement

avec « *Tous les éditeurs sont des charognes.* » Mais il fréquentait Gaston Gallimard de la famille des péremptoires : « *Un auteur, un écrivain, le plus souvent n'est pas un homme. C'est une femme qu'il faut payer, tout en sachant qu'elle est toujours prête à s'offrir ailleurs. C'est une pute.* »

Un univers contrôlé de l'édition...

Contrôler les moyens de diffusion (les diffuseurs distributeurs) et de promotions (les médias) permet de mettre sur le marché uniquement des produits conformes à ses objectifs. Naturellement, les éditeurs ont leurs « opposants au système » : Jean-Marie Messier pouvait ironiser en rappelant à José Bové qu'il travaillait pour lui ! Bové auteur Vivendi... Vous voyez bien qu'un autre monde est impossible dans l'édition quand même le chantre de l'anticapitalisme se lie au capitalisme arrogant. Conglomérat depuis, en grande partie, dans les limites des lois antitrust, passé chez Lagardère, qui sait rester discret. Comme les qataries, son premier actionnaire, à 12%.

Cinq distributeurs, en fait quatre...

Pour alimenter 25 000 points de vente, rien que la logistique et les frais de transport nécessitent une mise de départ dont ne dispose naturellement pas l'auteur-éditeur.
Se limiter aux grandes enseignes, qui fonctionnent avec une centrale d'achats, permettrait une percée significative mais ces structures répondent à l'auteur-éditeur de passer par un distributeur référencé... Cercle vicieux où seuls les installés peuvent commercer...

La note d'analyse officielle gouvernementale, de mars 2012, résumait : « *Alors que dans les autres pays comparables l'éditeur et le distributeur sont deux acteurs bien distincts, les principales maisons d'édition françaises ont développé leur propre circuit de distribution, à l'exemple de la Sodis appartenant à Gallimard ou de Volumen dans le cas du groupe La Martinière. En contrôlant le processus de distribution, les éditeurs français se sont donnés les moyens de dégager des marges plus importantes qu'avec leur seule activité éditoriale.*

L'intégration de la distribution reste aujourd'hui encore l'une des principales sources de la bonne santé économique des éditeurs français (...)

Avec la transmission directe d'un texte depuis une plate-forme de téléchargement vers une tablette ou une liseuse, l'impression et la distribution du livre ne sont plus nécessaires.

Or c'est cette dernière étape de la chaîne du livre qui est aujourd'hui la source majeure de rémunération pour l'éditeur. »

On peut s'étonner des exemples : exit les deux premiers distributeurs, ceux des groupes Hachette et Editis, les leaders de l'édition. Mais naturellement, dans une note officielle, la mise en valeur de Gallimard et La Martinière doit sembler préférable. Cinq distributeurs se partagent plus de 90% du marché : Hachette

Distribution, Interforum (Editis), Sodis (Gallimard), Volumen (Seuil-La Martinière), Union Distribution (Flammarion). En rachetant Flammarion, Gallimard est devenu un poids lourd de l'édition française, le troisième groupe. Il a aussi acquis un distributeur et le rapprochement Sodis - UD semblerait logique. Le pouvoir de négociation des fournisseurs extérieurs, les petits éditeurs, est quasi nul face à ces mastodontes.

Jean-Claude Utard, dans le résumé de son cours sur l'édition française à l'Université Paris Ouest Nanterre La Défense, note : « *Un éditeur petit ou moyen est donc contraint de déléguer ce travail* [distribution et diffusion] *et se retrouve dans une situation où il n'est pas complètement libre de choisir : c'est le distributeur et le diffuseur qui, en fonction des rythmes de parution, des chiffres et du volume des ventes de cet éditeur et de sa complémentarité avec les autres éditeurs de son catalogue, en définitive acceptent de le prendre en compte. Une caution est en général exigée alors par le distributeur et la rémunération du distributeur et du diffuseur consistera en un pourcentage sur les ventes (10 % en moyenne pour la distribution), souvent assorti de la condition d'un chiffre d'affaire minimum (et donc d'une rémunération minimum pour le distributeur et le diffuseur).* »

Une caution et un chiffre d'affaire minimum : ainsi la porte est fermée à l'auteur-éditeur, discrètement, sans nécessité de préciser « réservé aux éditeurs adhérents du SNE. » **Il suffit d'imposer des contraintes économiques pour exclure, inutile de censurer.**

Avant le numérique, c'était simple : un livre sans distribution est un livre invisible, invisible également pour les médias. Donc il suffit de tenir la distribution pour tenir les écrivains. L'auto-éditeur ne pouvait dépasser un rayonnement régional au point que « le roman du terroir » semblait parfois le seul apte à barboter dans ces eaux polluées.

Les portes de la distribution sont, en partie, défoncées par le numérique. Mais les médias restent de marbre. Et grâce aux aides de l'Etat, le livre en papier continue à très bien de porter.

L'argent public pourrait, devrait, apporter de la démocratie dans la chaîne du livre, en ouvrant à tous les circuits de distribution, l'accès aux 25 000 points de vente. Mais il renforce les positions de l'oligarchie. Frédéric Mitterrand, Aurélie Filippetti, même conception de la cinquième République.

Vous avez cru au changement mais Aurélie Filippetti n'est qu'une anagramme de Frédéric Mitterrand. Mais non, ne vérifiez pas, c'est une image !

Comprendre le monde dans lequel nous vivons

Comprendre le monde dans lequel nous vivons : cette ambition démesurée me semble indispensable à l'écrivain lancé dans l'art du roman contemporain. Une œuvre doit englober son époque, en la saisissant par les poignées essentielles. Ainsi, ici et maintenant : la mainmise des oligarchies, même parvenues à guider les élus de tous bords (et plus si affinités), la culture sacrifiée sur l'autel des distractions, les complicités inconscientes (comme ces discours des bibliothécaires sur le soutien à « la chaîne du livre »), les impasses religieuses, le saccage des campagnes, les violences et malgré tout des quêtes de sens, individuelles.

Comme la photo, le livre deviendra numérique. Un support plus pratique, moins cher, générant moins de gâchis (cent millions de livres en papier détruits chaque année rien qu'en France). Ce qui n'interdira nullement d'imprimer les textes les plus délicieux ou pour une utilisation particulière. Le papier s'accapare des ressources très précieuses, engendre de nombreux coûts, d'immenses pollutions, afin de permettre le passage des mots de l'écrivain aux lectrices et lecteurs ; il nécessite même dans l'organisation française de nombreux intermédiaires, dont les

« éditeurs traditionnels », au rôle littéraire peut-être inutile et les « librairies traditionnelles » pourtant peu adaptées au commerce du livre en papier ! (combien de bouquins disponibles dans leurs mètres carrés ? la production récente des "mastodontes de l'édition" et des classiques, bizarrement passés par les mêmes incontournables, maisons majoritairement contrôlées par des grandes fortunes du pays)

Depuis une décennie, je conceptualise cette révolution, « fille de l'auto-édition. » La révolution numérique apporte à l'auto-éditeur les moyens de son ambition, de son indépendance… à condition que les règles du jeu ne soient pas faussées par des élus liés aux oligarchies. Emmanuel Todd résumait en 2012 : « *la vérité de cette période n'est pas que l'État est impuissant, mais qu'il est au service de l'oligarchie.* » Il obtenait ainsi une place d'honneur sur www.oligarchie.fr. La conclusion, dans le secteur de l'édition, c'est que la puissance publique, prétendue du côté des créateurs, déploie ses réseaux au profit des éditeurs, cette nomenklatura parvenue à confisquer "l'exception culturelle." Aurélie Filippetti complice et coupable.

Amazon, enfin en France, accorde, malgré les bâtons fillipétiens, une possibilité de visibilité aux indépendants. Oh Amazon n'est pas la panacée ni une société philanthropique mais dans un pays figé, le site offre une bouffée d'oxygène. Puisse d'autres le concurrencer. Tout modèle économique a besoin de concurrences... et non de monopoles, comme l'ont de fait les groupes qui contrôlent les 25 000 points de vente du livre en papier.

En lançant www.auto-edition.com en l'an 2000, j'étais, en France, le premier à réellement croire qu'Internet changerait la vie des écrivains. Cette position de défricheur m'a certes valu quelques inimitiés (euphémisme) mais me permet d'exposer un point de vue cohérent, même si pour quelques petits jeunes sortis des écoles de commerce, il convient de me classer parmi les vieux ! Ils ignorent encore qu'un romancier de 45 ans reste tout frais... Je pourrais leur balancer une réponse de Jacques Brel...

Jacques Brel

Je réécoute régulièrement *Radioscopie Jacques Brel / Jacques Chancel*, du 21 mai 1973. Tout juste 44 ans (né le 8 avril 1929) le chanteur devenu cinéaste y déclare « *J'ai 45 ans.* » Au vol : « *Ça s'est beaucoup mieux passé que mes rêves les plus optimistes… Il y a des colères qui ne servent à rien… Le talent, c'est d'avoir envie de faire quelque chose, mais ce n'est que ça, et après il y a toute une vie à user pour essayer de faire ce quelque chose… Il faut savoir tous les jours qu'on est mortel… Il y a plein de problèmes qui sont des problèmes d'immortels… Tout le malheur vient de l'immobilité, toujours, on use les choses en étant immobile… L'important c'est de faire les choses, c'est d'aller voir. L'important c'est de se mettre au pied du mur. Et alors si on a mal calculé son élan, si on se heurte au mur et qu'on se casse la tête, il faut pas insulter les autres, c'est qu'on se trompe soi… Dès qu'on fait les choses, on devient d'une humilité fantastique. Dès qu'on va voir, on a vraiment peur… Je préfère et de loin me pulvériser la gueule que de rester immobile et de dire que je vais faire quelque chose… Je suis prioritaire par rapport aux gens qui ne font pas les choses… Il faut fuir la gravité des imbéciles... »*

Jacques Chancel : - *Comment faut-il vivre ?*

Jacques Brel : - *Debout et en mouvement. Et ne jamais avoir l'air fatigué. Parce que l'avenir vous tombe sur la tête.*

Jacques Chancel : - *... Vous n'en faites pas trop ?*

Jacques Brel : - *Peut-être... J'ai effectivement un manque total de mesure.*

À Chancel persuadé qu'au « *bout de la route* », il serait romancier : « *le roman, c'est une discipline majeure, souvent j'ai été tenté, j'ai l'impression d'être encore trop passionné, pas assez observateur, pas assez le voyeur, d'être trop jeune en fait.* » Mais parfois, on ne voit pas la poutre dans ses propres yeux : « *quand on a mal aux dents à 20 ans, c'est qu'on ne s'est pas brossé convenablement les dents avant tous les jours.* » Et il s'allume une cigarette. Cinq ans plus tard il mourait d'un cancer.

La rentrée littéraire... Selon Michel-Édouard Leclerc

Bien que n'étant jamais entré dans leur espace culturel Avenue Pierre Sémard à Cahors, le facteur déposa dans ma boîte aux lettres leur promotionnel papier glacé « *rentrée littéraire 2013* », sous-titré « *50 romans sélectionnés par les libraires.* » Naturellement, le ciblage marketing ne permet pas encore d'imprimer uniquement pour les acheteurs potentiels. Comme les vrais livres ! Je l'ai ouvert. Sans la moindre intention chroniqueuse, juste comme ça, pour voir... malgré la couverture plutôt lectrice robotisée sûrement appropriée au lectorat jeunesse SF. Page de gauche, « *remerciements* » : « *merci à tous les libraires qui ont pris part cette année à la sélection de Rentrée littéraire. Sans leur travail d'exploration minutieuse et passionnée, ce Guide ne pourrait pas exister. Merci à tous les éditeurs qui leur ont fait découvrir leurs romans en avant-première au mois de juin. Enfin, merci à Sorj Chalandon et aux éditions Grasset, que nous sommes heureux et fiers d'accueillir en introduction de ce Guide 2013.* »

Remerciements non signés. Tu sais Michel-Édouard (tutoiement ès auteur de la chanson

« les déboires Leclec » sur laquelle *France-Culture* vous avait demandé de réagir durant notre jeunesse), ils sont rares les auteurs qui auraient refusé de rédiger quelques lignes insipides sur une rentrée pour figurer à la une. L'exploration minutieuse s'est même arrêtée aux portes du premier groupe d'édition du pays, Lagardère, dans lequel figure Grasset. Quant à Sorj Chalandon, votre biographie m'apprend son rang de journaliste à *Libération* puis au *Canard Enchaîné*...

Bien que n'ayant jamais supporté les maisons où Philippe Bouvard apportait sa « bonne humeur » quotidienne, un jour une citation de cette "grosse tête", inopinément passée devant mes yeux, me sembla mériter de figurer dans le "petit cahier bleu à carreaux" : « *La confraternité n'est pas un vain mot qui aboutit à ce qu'un écrivain non journaliste a dix fois moins de chances qu'un autre de voir évoquer ses oeuvres dans les journaux.* »
Je tournais la page.

Un premier roman... de Laure Adler... journaliste... En dessous Iegor Gran, le nom ne me dit rien... recherches... né le 23 décembre 1964 à Moscou, écrivain français, fils de l'écrivain russe dissident Andreï Siniavski....
Des journalistes, des fils de... quelle « *exploration minutieuse* » !

De l'autre côté, encore un nom inconnu… mais je suis aspiré par l'avis du libraire en noir sur fond rouge vif : « *Ce roman est magnifique. Véronique Ovaldé sait mieux que personne traduire les forces et les faiblesses des femmes. La langue est belle et c'est un roman que l'on ne lâche plus une fois commencé* » par Isabelle, espace Culturel de Limoges. Même sur Amazon, de simples lecteurs transmettent parfois avec plus de convictions et talents leurs impressions !

Bref, je n'irai pas plus loin…

Le roman de la révolution numérique

« Suis-je capable d'écrire le livre de la Révolution numérique ? Le témoignage, l'analyse, qui passera au-dessus des têtes des installés pour toucher le grand public ?... »

Extrait du roman
« Le roman de la révolution numérique »
(sous-titré *"Hors Goncourt 2013"*),
publié le 18 juin 2013
et disponible sur cette même plateforme.

Roman également publié sous le titre
"Un Amour béton"

Ce roman perpétue mon engagement d'indépendance et comme les précédents n'a pas bénéficié du soutien des grands médias. Comme le déclara Alain Beuve-Méry, le petit-fils du fondateur du *Monde* où il couvre l'édition. *« Tout dépend de la maison d'édition dans laquelle vous êtes édité, et du travail fait en amont par les attachés de presse auprès des journalistes et des jurés littéraires. »* Dans ce même quotidien influent, Baptiste-Marrey écrivait *« les grands groupes publient, distribuent, vendent et font commenter favorablement les titres qu'ils produisent. »*

Présentation

Vie, gloire et disparition d'un OVNI de la littérature française, Kader Terns. Il faut l'oser, le terme "littérature", dans son cas. Mais il fut tellement employé ! Littérature numérique, postmoderne, brute, d'après le roman, de banlieue, de tablettes, décomposée, rappée, bloguée, néo-impressionniste, irrésumable, dans toute sa cruauté...

Après son "incroyable succès", le petit caïd du 9-3 était descendu dans le Lot pour m'y rencontrer. Je devais rédiger ses mémoires, statut peu glorieux du nègre. Il faut bien bouffer ! Surtout quand on vit avec une femme qui se croit obligée d'envoyer cinq cents euros par mois à Djibouti. "*Comment je avoir été meilleure vente Amazon Kindle*", il tenait absolument à ce titre.
Ni lui ni moi, lors de cet entretien banal et bâclé, n'aurions pu imaginer que nos vieilles pierres, nos sentiers et notre calme s'incrustaient en lui au point qu'il revienne y restaurer une ruine. Nadège, il l'avait piégée, elle l'a suivi...

Kader et Nadège, Amina et moi : le bonheur à la campagne... Il n'en fut rien !...

Je n'ai rien d'un enquêteur et c'est

uniquement par sentiment de vengeance (peu honorable, oui, d'accord...) si j'ai cherché une sombre histoire derrière un stupide accident.

Nadège et le fils de Carlo ont avoué. Quand débutera le "grand procès", les médias se jetteront sur l'affaire, qu'ils ignorent totalement. Pauvre Kader, déjà oublié, forcément remplacé. « *Il a suscité de nombreuses vocations...* » C'est tellement inattendu, insoupçonnable. Pas une fuite, même dans leur *Dépêche du Midi*. Eu égard à mon décisif apport, l'inspecteur se croit tenu de m'informer, naturellement en off. Peut-être uniquement car sa résidence secondaire n'est qu'à douze kilomètres. Si je laissais tranquillement faire, j'aurais sûrement droit à une légion d'honneur, avec au moins Christiane Taubira à Montcuq, peut-être même François Hollande. L'état, même socialiste, a besoin de héros ! Surtout dans le sud-ouest ! Ils sont tous tellement impressionnés par mon sens de la justice... je n'allais quand même pas leur raconter comment Carlo a bousillé mes dernières illusions d'Amour en 2010...

Machine judiciaire et univers médiatique m'en voudront sûrement de les devancer, en balançant les clés qu'ils auraient pris tellement de plaisir à dévoiler au compte-gouttes. Je suis écrivain. Qui plus est j'ai besoin d'écrire, après deux années de blocages, en lecture comme écriture. J'ai besoin de publier, faute d'une bourse d'écriture de la région. À chacun son boulot, son exutoire, son combat. Je suis sûrement plus doué pour raconter ma vie que pour la vivre... Un Amour béton... Lequel ? Amina et moi ? Nadège et Kader ? Dix-neuf jours Nadège et moi avons également pensé posséder la formule magique...

Enfin, c'est ce que j'ai cru, à un moment, encore récemment, quand ce récit était quasiment achevé. Mais tout va si vite, parfois.

Il faudrait tout raturer ? Tout réécrire à chaque fois que la vie rééclaire le passé ? Comme les autres, je me suis laissé emporter...

Avec dans les rôles principaux...

Kader Terns, a signé "*la vraie vie dans le 9-3*", best-seller numérique.
Nadège, sa compagne.
Stéphane Ternoise, peut-être le romancier.
Amina, sa compagne.

Marcel Hanin, vieux voisin.
L'inspecteur Delattre.
Sabine, mère de Nadège.
Le notaire.
Jan Jongbloed, artisan local.

Pablo, ex de Nadège.
Carlo, père de Pablo.
Anaïs, "correctrice" de "*la vraie vie dans le 9-3.*"
Kagera, meilleure amie d'Amina.
Bertrand, ex mari d'Amina.

Adam, frère aîné disparu de Kader.

Le roman...

I Kader

I-A

Personne ne l'a contredit, Kader Terns, le premier "auteur" français ayant annoncé *"j'ai vendu 10 000 ebooks sur Amazon.fr"*. Un petit caïd du 9-3, entré dans le jeu sans le moindre souci littéraire, juste par défi, et finalement "nous" passant devant, nous qui avions tant espéré et rêvé quand le géant américain ouvrit enfin sa boutique numérique, commercialisa son Kindle dans l'hexagone. L'espoir d'une révolution numérique.

- T'es louf, j'aurais balancé au marabout qui m'aurait prédit que littérature et bétonnière allaient rentrer dans ma vie ! Je ne lui aurais même pas offert une bière !

Tout ça pour Nadège, finalement. Cherchez la femme derrière la vie des hommes... Sauf chez les homos, ça va de soit... aurait sûrement ajouté Brassens… et encore !, aurait-il peut-être précisé… Plus tristement : la femme n'est parfois qu'un objet de standing…

- La littérature, c'est comme la délinquance : faut savoir s'organiser. Un vrai chef, des potes dévoués, et chacun suit le plan. Les initiatives qui s'excusent ensuite d'un timide *"je croyais bien faire"*, tout le monde doit s'être bien enfoncé dans la tête, qu'il n'aura pas l'occasion de recommencer, l'écervelé coupable d'une malencontreuse bévue...

De son "autobiographie", Kader en a simplement connu ces trois phrases. Insatisfaction totale, presque jusqu'à la rupture de contrat !

- Nadège me l'a lu, le début, de ton truc. Je lui ai dit *"arrête, donne-moi ça, il faut que je lui en cause."* J'ai des doutes, mec. C'est trop différent de *"la vraie vie dans le 9-3."* Anaïs avait su revoir mon texte sans le déformer, comme elle disait. Elle m'avait également lu son premier paragraphe, et tout de suite j'ai su que c'était bon *"O.K., nickel, c'est exactement ça"*. J'avais pas eu besoin de perdre des heures avec le reste. Mais toi, tu déformes tout, ça se voit tout de suite. Tu veux faire ton écrivain ! Tu comprends, merde ? C'est fini, votre littérature de papier, les gens veulent que ça clashe.

Encore aujourd'hui, je reste bien incapable d'expliquer ce qu'il entendait par une littérature qui clashe. Mais il adorait cette expression « que ça clashe » ! Je lui avais déjà demandé le rapport avec "Clash" mais il n'avait jamais entendu parler de ce groupe.

« - Que ça clashe, tout le monde comprend !

- Un clash, oui. Mais la littérature qui clashe ?
- Tu comprendras quand tu auras vraiment commencé à écrire !
- J'aime bien comprendre les choses que j'écris.
- Chacun comprend à sa façon un livre, c'est Anaïs qui le disait, donc c'est vrai ! T'es pas d'accord ?
- Naturellement, mais l'auteur doit également maîtriser son style, surtout quand il est au service d'une star.
- T'inquiète pas mec, si ça clashe pas, je m'en apercevrai tout de suite. »
Inutile de revenir sur la définition du terme. Peut-être du "moderne", pompeusement appelé « pulp » par d'autres, sans exigence d'avoir lu Charles Bukowski, encore moins Céline…

J'étais là, devant lui, sans la moindre idée traduisible en mots. Même avec le recul, aucune réponse adaptée ne me vient. Face à mon silence, sûrement considéré comme celui d'un lieutenant fautif, il a sorti de la pochette droite de son bleu de travail une feuille blanche pliée en huit, l'a tranquillement posée sur la table en teck, utilisant son coude droit pour l'aplanir... Puis débuta la lecture d'un mauvais élève de CM1 :
- *"La littérature, c'est comme la délinquance : faut savoir s'organiser. Un vrai chef, des potes dévoués, et chacun suit le plan."* Jusque là

OK, ça passe encore, c'est la réalité. J'aurais pas dû la laisser continuer. Car attend, "*les initiatives qui s'excusent ensuite d'un timide*", tu me vois, tu m'imagines, lors de l'adaptation au cinéma, sortir des âneries pareilles ? Et ton "*l'écervelé coupable d'une malencontreuse bévue*" ?

Je connaissais naturellement cet incipit : dans sa bouche "*écervelé*" et "*malencontreuse*" furent totalement incompréhensibles. Quelque part j'avais pitié, pour lui mais également pour la littérature, ces journalistes, blogueurs, chroniqueurs, twitteurs, facebookeurs qui s'étaient crus obligés de conseiller l'achat de "son" ebook, certes sans l'avoir lu, uniquement pour sa présence en tête des meilleures ventes, le plus souvent avec un lien d'affiliation et uniquement quelques mots modifiés par rapport à la présentation officielle copiée collée. Tout le monde veut sa part du gâteau ! Quelques centimes de commission ou un clic sur une pub google adsense. Je ne pouvais même pas me mettre en colère ni lui répondre. J'avais juste besoin du fric de cette prestation d'écriture. J'ai même pensé "s'il m'emmerde, je lui griffonnerai du charabia comme sa vie du 9-3 et basta !"

- Tu déformes, comme disait Anaïs, tu comprends ? Tu fais du truc de prof. Je suis certain que ça doit plaire à ton Amina-les-belles-phrases. Même son mioche elle veut qu'il cause comme un intello ! Il tiendrait pas huit jours dans un vrai bahut ! Je t'ai embauché pour que ça ait de la gueule, pas pour faire du Ternoise. C'est moi qui paye ! C'est mon nom qui sera à la une. Chez Amazon, ils m'attendent, je suis leur écrivain vedette. Je ne t'ai pas demandé une rédaction style Louis XVI, on est en 2012 !

C'est sûrement sa référence à ma compagne qui déclencha malgré tout une réponse. Ou son « *rédaction style Louis XVI.* » J'ai failli éclater de rire. Oui, sûrement est-ce pour retenir cette réaction spontanée, qu'il aurait mal interprétée, que des phrases anodines sont venues. Il était parfois tellement drôle sans le vouloir, en shaker mélangeant tout et n'importe quoi, sans se soucier de l'apparence ni du goût du charabia obtenu.

- Je te rassure : ça n'a rien à voir avec ce que t'écrirait Amina. Si tu veux, tu la prends à l'essai ! Elle a toujours prétendu qu'elle écrirait des livres mais il ne faut jamais la croire !

- Ça va de plus en plus mal entre vous ?

- La grande dérive !... Depuis que je sais ce qu'il s'est réellement passé à Addis-Abeba, finalement tout le reste fut dérisoire... Quand tu caches l'impardonnable puis que tu le maquilles, le jour où il est découvert, tu peux donner tout l'amour de la terre, on sait très bien que c'est uniquement pour te faire pardonner... Tu sais, Anaïs avait 15 ans. Et même si elle a réalisé un boulot remarquable pour une fille de cet âge, tu m'as demandé une autobiographie, quelque chose qui se lira vraiment, qui restera.

- Oh, après tout, je ne veux pas t'ajouter des problèmes supplémentaires, tu sais ce que tu fais, sûrement, et j'en ai plus rien à foutre de ces conneries de livres.

Il souriait, observait l'effet de sa conclusion, en acteur qui surjoue toujours. Je me demande bien quel air il a pu me trouver. Je pensais à ma chère Amina, à Nadège, mes difficultés avec les femmes, cette succession d'échecs. Je voulais simplement abréger cette conversation, retraverser la forêt, attendre 14 heures. Qu'il me laisse écrire tranquillement son inutile récit ! Il enchaîna :

- Ce qui me botte, c'est retaper cet endroit et que Nadège me fasse le plus beau des gosses... Je l'aime, oui je comprends ce que ça veut dire, aimer quelqu'un, vouloir être heureux, et elle m'aime. Je me suis rangé. De tout (il sourirait). Enfin presque ! (Nadège m'avait confié sa livraison à Toulouse, ses cinq cents billets de cent euros de bénéfices). C'est bizarre, on se connaît depuis peu mais y'a qu'à toi que je peux me confier comme ça. Alors, place aux jeunes ! Pour moi, tu vois, j'ai trouvé ce que je cherchais dans la délinquance : le fric pour me payer ce petit coin de paradis au soleil, pour y vivre peinard avec une superbe nana. Je ne l'aurais jamais cru mais c'est ce silence que j'aime. J'ai l'impression que les oiseaux me parlent. J'ai gagné assez pour vivre tranquille jusqu'à la retraite. Je m'en fous de l'esbroufe, finalement, la Mercedes pour narguer les flics, les kalachnikovs dans les caves, ce genre de trucs, qui te font rêver quand tu as douze ans et que ton grand frère pour la première fois te laisse le suivre. Tout le monde devrait avoir cette ambition d'un coin tranquille pour y vivre sans se prendre la tête. Boire de bonnes bières, manger du foie gras et de la brioche, baiser et s'endormir sans soucis, qu'est-ce que c'est simple le bonheur.

Parfois il me surprenait ! Confucius réincarné après passage par la case truand ! Un mec sauvé par l'amour ? Mais je savais bien que tant qu'il le pourrait, il resterait un petit caïd fier de gagner en quelques heures ce que les "honnêtes gens" n'obtenaient même pas durant une année. Il avait un nom, une situation, dans "le milieu." Mais l'Amour, oui, peut, un instant, détourner même d'une voie sans issue. J'étais bien placé pour savoir qu'il s'illusionnait sur ce sujet... "comme on s'illusionne tous", pensais-je une énième fois. L'état réel de son couple me renvoyait à mes propres blessures, incohérences, ce séisme quand la sainte laissa entrevoir sa tunique de femelle sans scrupule sous ses habits de musulmane donc intègre, fidèle, douce et tout le baratin dont elle m'avait abreuvé, surtout par mail et skype il est vrai...

C'était un mardi, le 3 avril, 2012. Vers 10 heures. La bière vidée, j'ai retraversé la forêt. Il me reste en tête la drôle d'idée passée durant les dernières gorgées : « avec la baguette magique de ma grand-mère, la solution serait rapide ». Je me suis souvent demandé depuis, s'il me fallait revisiter ma vie avec une telle possibilité de tout arranger, s'il me faut tout bloquer, "oublier", assumer en le réécrivant, pour débuter un "nouveau livre", une autre vie, sans le poids du passé qui semble m'entraîner à revivre les "mêmes enthousiasmes", les "mêmes échecs", naturellement avec des apparences différentes au quotidien. Et je ne l'ai plus revu, Kader. J'allais écrire "je ne l'ai plus revu vivant." Mais puis-je vraiment considérer ce que j'ai vu le lendemain comme "un jeune homme mort" ?

I-B

Je n'ai rien enregistré, je notais. Pas l'envie de devoir réécouter un tel baragouinage. Cinq minutes de son charabia, je les traduisais le plus souvent en quelques mots français sans « que ouais », « yeah », « tu vois », « tu m'suis »... Aujourd'hui, je suis bien incapable de retrouver la moindre de ses vraies explications, si on peut appeler ainsi des mots enfilés les uns derrière les autres, sans verbe, ou alors à la conjugaison incohérente. Il me rappelait Alphonse, de l'école communale mais lui était considéré handicapé, du langage. Mariage entre cousins. Tandis que Kader semble avoir été "le chef d'une bande redoutable", des mecs qui s'exprimaient tous ainsi. « Oui, c'est dramatique, et je ne voyais vraiment pas l'utilité de mon boulot dans un tel milieu ! Ils sont incapables d'une réelle discussion. Kader, c'est un as, par rapport à ses lieutenants comme il les appelle… Des hommes d'une force incroyable avec une expression qui oscille entre le CM1 et celle du truand des séries américaines. J'étais là pour leur réinsertion mais tout aurait été à reprendre depuis l'école maternelle… et pourtant ces mecs-là arnaquent des types avec bac plus cinq qui se traînent presque à leurs pieds pour en avoir de la bonne. Ils roulent dans des bolides comme les happy-few de Neuilly. Ça peut te sembler incroyable mais c'est également la France… je suis tombée là, dans cette cité, quand ma mère a dû vendre notre maison dont elle ne pouvait plus rembourser seule le prêt, après la disparition de son mari ; alors elle a acheté ce qu'elle pouvait… Vu de là-bas, c'était encore le coin des bourges, à deux pas des tours... » (Nadège)

À les écouter, l'impression de grands cayons s'incrustait dans ma tête... et pas seulement entre cette cité et le Quercy.

Un pays fragmenté, où le communautarisme conflictuel finirait par s'installer... J'en avais d'ailleurs les prémisses devant les yeux, dans ce canton de résidences secondaires où régulièrement des bandes venues s'y fondre discrètement étaient démantelées après des dizaines de cambriolages, le plus souvent, heureusement, mais pour combien de temps encore, chez les friqués.

Rentré, je me suis bizarrement assoupi dans le canapé et Nadège, vers 14 heures, m'y réveilla...

La suite de son "autobiographie", il n'en aurait pas plus aimé le style. À vrai dire, je ne l'appréciais pas non plus. Jamais je n'aurais pu créer un tel personnage. Ça m'embêtait cette limite du réel, cette nécessité de "rédiger." Je me faisais l'effet d'un journaliste, un simple interviewer, du genre entretiens de Martin Malvy avec Jean-Christophe Giesbert et Marc Teynier pour un livre inutile mais je l'espère pour eux correctement rémunéré. J'avais lu ce "document" quand le Président du Conseil Régional me fit répondre qu'effectivement je n'étais pas un écrivain pour le Centre Régional des Lettres. Deux euros et dix centimes sur Priceminister, ça ne valait pas plus ce « *Des racines, des combats et des rêves* » qui me servirait à argumenter sur la question de déontologie du grand homme quand il publia une nouvelle contribution chez un éditeur toulousain auquel le montant des aides versées par la région me reste inconnu. Certains interrogent Malvy d'autres Terns, et tout cela multiplie le nombre des livres inutiles au point que les lectrices et lecteurs sont incapables de remarquer tout texte digne de la postérité. Il semble bien exister une volonté de noyer dans la masse tout écrivain refusant de se soumettre au système dans lequel il peut être récompensé s'il accepte de montrer le bon exemple aux jeunes...

- Je ne vais pas vous barber avec des histoires du 9-3, l'essentiel est connu. Un jour j'ai bousculé ce que vous appelez la littérature française, et ça, depuis Céline, ça n'était pas arrivé. Même Michel Houellebecq et Christine Angot, mes chers collègues, n'ont qu'ébranlé le mur du style. Je sais que le pourquoi et surtout le comment de ce truc, ça vous intéresse. Je ne reviendrai donc pas sur ma vie d'avant, sauf naturellement si elle peut vous permettre de mieux comprendre comment je suis passé devant Gallimard, Grasset, Flammarion et les plumitifs qui avaient préparé un plan bien carré pour gagner à cette grande loterie de la nouveauté numérique. Vous voyez, je connais même les noms de la concurrence, moi l'écrivain indépendant, le KPM, Kindle Publishing Man. J'adore, le KPM, Kader Publishing Magic, fan de NTM, sur la photo avec NKM, yeah !...

"*Même Michel Houellebecq et Christine Angot... n'ont qu'ébranlé le mur du style.*" J'avais souri en le traduisant ainsi. Parfois, ça m'amusait ce job, ça me semblait tellement irréel, ridicule, grotesque. Une remarque de Lucia Etxebarria dans "*Amour, prozac et autres curiosités*" me servait de viatique, de garde-fou : « *Maintenant, je suis serveuse. Au bar, je gagne plus que ce que je gagnais dans ce bureau, et j'ai les matinées pour moi, pour moi seule, et pour moi le temps libre vaut plus que le meilleur salaire du monde. Je ne regrette absolument pas ma décision, et jamais, au grand jamais, je ne retournerais travailler dans une multinationale. Plutôt devenir pute.* »
Si elle avait rédigé en français, aurait-elle utilisé « devenir » ou « faire » ? Marianne Millon, la traductrice, a considéré que dans notre belle langue il convient d'éviter au maximum les "faire" ? Mais "faire" n'est pas être pour de vrai. Le « devenir » de Lucia Etxebarria me semble plus proche de mon faire le nègre, faire la pute littéraire, un ménage.
À faire le nègre, on le devient ? On prend le style, la bassesse de la fonction ? On accepte

ce rôle confortable, sans risque et correctement rémunéré ? À livrer une marchandise dont on ne sera pas responsable, est-on écrivain ? Celui qui met le doigt dans l'engrenage finira broyé par le système ? "Nègre une fois, pas deux" fut mon tantra de ces derniers jours d'attente du printemps.

Gagner trois ans de tranquillité en me laissant aller... finalement, dans mon échec, j'avais acquis une certaine notoriété pour qu'un tel plan me soit proposé. De la même manière que je tenais en vendant parfois 250 euros un lien sur blog-amour.net, à insérer dans un article anodin où doit figurer "site de rencontres" en ancre. La même logique de totale déconnexion entre le travail réel et l'argent obtenu sévit également dans ma marginalité. Bosser deux ans sur un roman pour en vendre 92 exemplaires à 1 euro 99, soit même pas cent euros de recette auteur, ou passer à la caisse des prestations de ce genre… Je me souviens surtout d'une lourde fatigue, qui m'est tombée dessus en retraversant la forêt mais dans ma tête ce sujet tournait : encore un exemple au quotidien d'une logique mondiale ; nos petites vies reproduisent des schémas sociétaux, comme la tyrannie dans un couple rejoue celle d'une société ; chacun à son niveau expérimente des logiques mondiales, ayons le courage de l'admettre ; ce n'est pas nouveau : tandis que Van Gogh croyait en son génie, certains amassaient fortune et reconnaissance en commandes publiques et ventes médiatiques...

Amina souhaitait que je lui confie cet argent, promettant de l'utiliser pour embellir « *notre espace de vie*. » Elle considérait mon refus comme un « *manque de confiance*. » Un refus de plus, après celui de lui octroyer la moitié de la maison dans notre contrat de mariage. Je ne voulais pas devenir musulman, ne voulais pas lui donner une partie de cette modeste demeure pour qu'elle se sente vraiment chez elle, ne voulais pas la comprendre... Alors que le Bertrand, le bon blanc qui fut son mari, dont elle finit par vraiment divorcer début 2011, avait tout accepté ! Et pourtant, nous étions toujours ensemble...

I-D

Ce jour-là, mon brouillon se limitait encore à des séries de déclarations, plus ou moins fumeuses, naturellement francisées, parfois des dialogues. Je prévoyais d'insérer des paragraphes d'explications. Mais cet habillage ne me semble plus nécessaire maintenant qu'il s'agit de ma propre optique, celle du "*roman de Kader*", le regard d'un écrivain, un écrivain inconnu mais réel, n'en déplaise aux Martin Malvy et aux Gérard Amigues de la terre, sur un phénomène éditorial, sur une victime finalement. J'ai eu besoin de relire Paul Auster, ses passages sur le hasard, pour reprendre ce texte. Pourquoi ai-je été embarqué dans cette histoire qui ne me concernait nullement et brusquement m'a assigné un rôle de lien entre des personnes dont la rencontre relevait déjà de l'improbable ? Secousses qui pourraient bouleverser mes convictions ? Certes pas au point de penser qu'un Dieu existe et s'amuse avec moi. Je n'aurais ni cette prétention ni cette faiblesse. Si Amina me lit un jour, je l'imagine bien s'arrêter pour simplement murmurer "il ne changera jamais, même ce signe d'Allah il le rejette par orgueil, sa maudite prétention à se croire supérieur aux autres au point de ne pas vouloir croire en Dieu." Oui, madame la sophiste et ses « *nos pires fautes, Dieu nous les pardonne, quand nous le lui demandons avec une entière humilité. Croire en lui, c'est l'essentiel, c'est ce qu'il te faut comprendre. Nous devons accepter nos fautes, lui demander pardon, et nous engager à vivre désormais dans sa voie. Nous devons nous soumettre à sa puissance... L'important c'est de croire. Et de reconnaître nos erreurs.* » C'est avec ce genre d'arguments que malgré la confession de « *graves fautes de jeunesse* », elle réussit à gagner ma totale confiance fin 2008. Elle avait certes trahi, encore récemment, son mari mais avec moi jamais elle ne commettrait pareille vilenie. « *Croix de bois, croix de fer, si je mens je vais en enfer... Paul Préboist, Gaston Deferre...* », j'avais fredonné une fois. « *Il n'y a pas de croix chez les musulmans* » fut sa réplique. Puis je lui avais expliqué Renaud, qu'elle considéra niveau CM2 en cette occasion. Il n'y comprenait rien à l'amour, le Bertrand. D'ailleurs il avait commis une faute impardonnable en omettant de lui souhaiter leur anniversaire de mariage puis en se justifiant en la comparant à un portable considéré merveilleux à l'achat mais auquel on n'accorde plus grande attention après six ans. Six ans, c'était alors l'âge de leur mariage. Certes elle jubilait déjà avec un amant, c'est ensuite, en relisant ses mails que je l'ai compris. C'était sûrement un autre sujet ! Pour l'heure, en 2008 – 2009, j'étais l'homme parfait, sauf l'indispensable nécessité de ma conversion avant notre inégalable bonheur sous un même toit. Aujourd'hui, je me demande si elle y croyait vraiment en ses belles envolées lyriques ou si elle y recourait pour toujours se donner bonne conscience, faire table rase du passé et jubiler, sans comprendre que l'on puisse lui en vouloir ?

- Comme dans la délinquance, c'est chacun son territoire. Je leur ai laissé les tables des libraires, ils m'ont laissé les tablettes. Ils n'ont pas vraiment réagi à ma percée médiatique. Je ne suis pas dupe, pour eux également, je suis un naze. De toute manière, ils ne m'ont pas lu. Je suis l'opportuniste qui a su profiter du système, le croisement numérique de Djamel Debouze et Michel Houellebecq, j'adore ce titre des *Inrocks*. Dans chaque pays un inconnu réussit à s'imposer. Ça ne change rien au système mais au moins ça permet à quelqu'un de devenir une star. Pour moi, être star dans le pays, c'est une suite logique. Je le suis depuis si longtemps dans la cité. Gamin déjà, j'étais le petit-frère d'Adam le magnifique...

Oui, ce mec qui n'a même pas écrit une ligne de son torchon illisible, conceptualisait, analysait, à l'ombre, devant moi qui avais publié cinq romans et surtout des essais avec finalement des observations similaires, les pensant très iconoclastes... Mais elles n'étaient qu'évidences, et dans mon cas raisonnements purement intellectuels, inutiles, alors que sans grande phrase il avait compris les rapports de force en présence et utilisé la petite ouverture, sans scrupule ni état d'âme, avec en tête un seul objectif : la première place du classement des ventes d'Amazon. Ensuite, les critiques que je pensais indispensables d'obtenir avec la qualité de mes écrits, il les a accumulées uniquement par sa place de leader des ventes. Je l'avais pourtant martelé que nos vénérables chroniqueurs – orthographiant parfois vén(ér)a(b)les - recopient les dossiers de presse, baratinent par simple copinage et ils ont bêtement retranscrit le classement, consacré le "lauréat" ! Le public avait forcément raison. Vendre c'est gagner ! Exit le jugement critique, le titulaire d'une carte de presse rapporte des faits ! Comme s'il avait le temps de lire des livres !

L'époque ne peut plus nourrir un journalisme d'investigation donc même *Le Monde* s'est adapté au « journalisme d'accompagnement » (quand même plus honorable que « couché »). Au service des installés, de l'oligarchie, les politiques, les géants commerciaux, les sportifs, les artistes. Tous à l'affut des dépêches de l'AFP. Si des électeurs votent pour un candidat, l'honorable notable doit l'accompagner comme il brode sur les grands événements, "analyse" les résultats de Michelin ou Lagardère. Donc dans le domaine littéraire, un professionnel de la réécriture des communiqués de presse. Un rôle essentiel chez les éditeurs : l'attachée de presse, qui ne doit pas hésiter à utiliser des arguments personnels pour obtenir de la surface médiatique.

Vous rêviez de comprendre le monde ? Commencez par personnaliser une dépêche de l'AFP !

Mais tout cela est connu de qui veut le connaître et les autres s'en foutent. J'avais cru utile de le dénoncer alors que les vedettes de ce système le concèdent, balancent parfois au détour d'un article insipide ou, le plus souvent, quand un confrère les interroge, interview audio… Ils ne sont même pas accusés de ne pas savoir tenir leur langue ni de se tirer une balle dans le pied : c'est ainsi, la France est ainsi, on ne peut rien y changer. De toute manière nul n'accorde de réelle attention à ce genre de propos. J'ai cru pouvoir être l'homme du « changement c'est maintenant » mais sûrement suis-je trop dans la sincérité pour que le moindre de mes cris puisse atteindre même quelques milliers d'oreilles.

Plus je l'écoutais, plus je me sentais dégoûté : elles avaient servi à quoi mes analyses désillusionnées sur cet univers médiatico-littéraire ? Ce sont justement ces illusions qui m'ont maintenu aux portes du top 100 ! Ai-je cru au réveil des médias ? Qu'ils fonctionneraient autrement au premier choc de l'ebook ?

I-E

Ai-je vraiment cru en la révolution numérique ? Oui, je dois me l'avouer. Alors qu'il s'agit, pour l'instant, d'une simple étape dans la domination par les éditeurs du monde de l'édition, péripétie où les libraires traditionnels disparaîtront mais l'essentiel sera préservé : les grands groupes continueront à tenir les écrivains en tenant les médias. Équilibrisme reposant sur la vanité où les chroniqueurs servent la soupe aux poulains lancés, complaisance leur permettant de figurer dans la grande écurie avec leurs livres inutiles. Les écrivains pourraient calligraphier « stop » sur leurs sites. Les "honorables titulaires d'une carte de presse" pourraient tout stopper. Et pourtant c'est encore, encore, encore...

"*Ils ne m'ont pas lu*" : on ne lit pas la concurrence, on la surveille ! On observe ses méthodes. Oui, il avait compris. Et ne s'était pas embêté avec des questions de style. Seul le titre comptait, ce fut sa trouvaille, enfin même pas, plutôt celle d'Anaïs : "*la vraie vie dans le 9-3*" et il suffisait aux besogneux rédacteurs pour broder, quand ce n'était pas raconter tout autre chose, soutenir ou dégommer la politique du gouvernement ou du précédent. Il a gagné, comme Stéphane Hessel, comme Marc Levy, comme Philippe Sollers, comme Christine Angot, au point que dans une feuille sérieuse, "*Philippe Forest, écrivain*" (il se présente ainsi) puisse chroniquer au premier degré et sans susciter le moindre tir de moquerie, le bouquin "*Une semaine de vacances*" en débutant par : « À *juste titre, on dit souvent d'un vrai roman qu'il est irrésumable, car en rendre compte sous une forme autre que celle que son auteur a choisie revient précisément à défaire ce que celui-ci a voulu faire. C'est particulièrement le cas avec le nouveau livre de Christine Angot.* »

Les mêmes termes analysent très bien l'œuvre de mon ex-employeur : « À *juste titre, on dit souvent d'un vrai roman qu'il est irrésumable, car en rendre compte sous une forme autre que celle que son auteur a choisie revient précisément à défaire ce que celui-ci a voulu faire. C'est particulièrement le cas avec le premier livre de Kader Terns.* »

"*Philippe Forest, écrivain*" pouvait néanmoins compléter son grand travail au service du lectorat francophone dans *Le Monde des Livres* : « *Disons simplement qu'*Une semaine de vacances *réécrit* L'Inceste *(Stock, 1999), le plus célèbre des romans de Christine Angot.* » Un roman déjà digne de figurer dans la longue liste des irrésumables où ranger "*la vraie vie dans le 9-3*" s'impose. Un roman sentimental, un roman policier, un roman historique ? Bien mieux que cela, monsieur Utopie : un roman irrésumable !

Ce fut certes l'exigence de James Joyce. Mais il n'est pas nécessaire d'avoir lu *Ulysse* pour prétendre entrer dans ce rayon voué à déborder ! (déjà bien rempli même par les "éditeurs traditionnels")

En consultant cette presse d'accompagnement, je déniche quand même dans *Rue89*... et ce n'est sûrement pas un hasard que ce soit dans un support sans histoire papier même s'il fut englouti par le *NouvelObs*... une référence à Stéphane Hessel : « *comme le vieil homme, monsieur Kader Terns suscite des achats de sympathie, portés par un bon titre et un statut de symbole inattaquable, consensuel. Certes, de l'ancien résistant au jeune quasi-délinquant la distance est bien plus grande que de Matignon à l'Elysée mais l'un et l'autre représentent des stéréotypes, ces cases qu'affectionne tellement notre société dans son besoin de repères depuis la disparition ou radicalisation des religions et la chute du communisme.* » Signé Jean-Christophe Marion. Des raccourcis contestables mais un rapprochement louable.

« - Peu importent les méthodes. Les éditeurs n'aiment pas qu'on aille fouiner dans leurs affaires, que ce soit l'Europe ou le gouvernement américain sur une possible entente sur les tarifs ou les prix littéraires. Ils n'ont donc pas cherché, officiellement, à comprendre comment le p'tit mec du 9-3 a grillé les milliers d'auteurs plus ou moins littéraires qui se sont lancés dans cette grande loterie, cette course à la gloire que fut l'arrivée du Kindle en France. Je sais bien, Stéph, que tu aurais nettement plus que moi mérité d'être l'écrivain de la révolution numérique. Nadège le prétend. Il paraît que t'écris nettement mieux que son ex, qui n'était qu'un scribouillard prétentieux comme elle m'a dit, si ça peut te faire plaisir. Paraît que les vrais écrivains vivent surtout de compliments !

- Pourquoi, elle m'a lu ?

- Eh oui, c'est elle qui a acheté l'unique exemplaire que tu as vendu ! Mais non, je rigole, Stéphane... Ça te va très bien le rôle du romancier inconnu, peut-être que pour tes 70 ans tu auras une juste récompense de ton talent, "une juste récompense de ton talent", ça t'étonne comme expression mais c'est encore de Nadège. Mais elle est comme toi, elle n'a rien pigé à la logique de cette grande loterie : la qualité, c'est has-been, le style je t'en parle même pas ! D'ailleurs, même avant moi, ce que lisent les gens, ce sont des traductions vite faites, Harlequin et compagnie, parce que les américains savent raconter des histoires. Les gens veulent des histoires qui les sortent de leur quotidien. La qualité, votre qualité, ce n'est plus qu'une marotte pour des académiciens qui n'ont rien à dire donc prétendent que le style fait l'œuvre !

- J'avais compris mais je n'ai pas eu le culot d'en tirer les bonnes conclusions.

- En fait, tu as eu peur qu'écrire un livre de merde, complètement louf, ça te poursuive toute ta vie ! Alors que moi, ils peuvent dégommer mes phrases prétendues incompréhensibles, je m'en fous, et en plus ça n'empêche pas les gens d'acheter car s'ils me trouvent à côté de la plaque, ils n'oseront plus l'avouer, car l'avouer ce serait reconnaître leur jugement bourgeois, leur incapacité à comprendre la banlieue, donc le monde actuel. C'est comme votre vieille chanson française et le rap. Vos vieilles radios ne voulaient pas en entendre parler du rap, comme vos vieux libraires refusent le numérique. Résultat, les gens ont voulu du rap, ils l'ont eu et Joey Starr a détrôné Cabrel Goldman et Tino Rossi. »

I-F

Nadège lui lisait tout ce qui paraissait sur lui, il adorait regarder les photos et les titres. Il cachait derrière la désinvolture un réel problème de lecture. Peut-être en souffrait-il, finalement. Il lui demandait toujours son avis avant de m'en parler. Nos expressions, englouties dans son immense shaker, ressortaient de manière aléatoire sans la moindre conscience visible de les replacer devant leur auteur. Ce qui dénote au moins un réel intérêt pour ce sujet et notre place dans sa vie. Rien d'étonnant, certes : télévisions, radios, web et proches constituent pour la majorité un réservoir à expressions et idées-reçues... Mais passé le stade du sympathique, cette méthode shaker sombrait dans le risible. Pourtant, il ajoutait souvent une touche personnelle, une logique implacable. Il expliquait ainsi facilement mon échec. Mais ses propos ne m'étaient d'aucun service : je continuerai à croire en la littérature, même dans un monde qui ne la mérite pas. Car finalement, Milan Kundera, Philip Roth, Paul Auster, Philippe Djian sont lus... et tant d'autres ne sont qu'achetés. Comme un pro devant un amateur, un boxeur face à un sac, il me balançait :

- Ton problème, c'est que tu as voulu faire de la littérature, tu as réfléchi à tout ce folklore, à comment séduire un lectorat et des médias, alors qu'une seule chose est importante : comment arriver en tête du classement. L'argent amène l'argent, les ventes amènent les ventes. Tu es comme les autres : tu ne sais pas analyser une situation et y répondre comme si ta vie en dépendait. L'école de la rue, tu vois, c'est ça qu'elle t'apprend : comment gagner. Car si tu perds, t'es un perdant, tu vois, comme toi ! Et tu le restes toute ta vie.

Les chroniqueurs auraient pu lui accorder une once de Bernard Tapie : gagner !

« - Je me doute bien qu'ils ont employé leurs fouineurs pour assimiler ma méthode dans le but de la reproduire à plus grande échelle. Moi aussi, j'ai observé les grands frères avant de devenir le boss. Et j'ai compris leurs erreurs. C'est pourquoi tu me vois ici, vivant. Et si je me confie à toi, je te montre même quelques faiblesses, c'est parce que t'es un mec différent, hors-jeu. M'en veux pas, mais t'es hors du jeu et même un peu hors-jeu, tu n'arriveras sûrement à rien car tu n'es pas prêt à accepter le monde tel qu'il est. Pour le dominer, le monde, il faut d'abord le comprendre et accepter de ne pas chercher à le changer. Juste en profiter. Ce n'est pas moi qui ai créé la banlieue, je suis juste arrivé là, j'ai observé et j'ai décidé d'être le patron. Alors que toi, tu voudrais changer le monde de l'édition, rien que ça ! Les révolutionnaires ne deviennent jamais riches ! Et c'est quand ils sont morts qu'on les glorifie. Même les bobos portent le tee-shirt du Che Guevara. Après ma mort, on peut m'oublier ! Moi ce que je veux c'est vivre dans le présent ! C'est parce que vous n'arrivez pas à réussir dans le présent que vous nous sortez des phrases du genre « l'histoire saura reconnaître mon talent ! » Foutaises que tout ça ! Faut que ça clashe ! Ça t'embête que je me serve toujours de toi comme exemple ?

- Il y a sûrement une part de vérité dans la

manière dont les gens nous considèrent. Nous avons trois identités, celle dont les gens nous habillent, notre réputation, celle que nous croyons avoir et la notre réelle. Je crois que personne n'atteint vraiment l'état de grâce où il se ressent et se voit tel qu'il est vraiment.

- Tu m'expliqueras ça un jour en français, ça m'a l'air intéressant ! Mais je reviens à nos éditeurs. Pour eux, l'important n'est pas d'être le premier à avoir une bonne idée mais de parvenir à en tirer le maximum ! Alors que même le côté financier, je m'en foutais. Qu'est-ce que j'aurais fait avec deux mille, cinq mille ou même dix mille euros ? Je ne suis pas le seul à avoir essayé de magouiller ! Mais les autres ont manqué d'audace, de cohérence, et surtout d'entrainement au combat. Certains se gargarisaient de trois minutes à la télé ou 12 jours dans le Top 100. Il fallait un gagnant, il ne pouvait y avoir qu'un gagnant, « un Amanda Hocking français », toujours nos Inrocks dixit. Vous avez analysé ça, être l'Amanda Hocking français, vous avez même essayé de reproduire son cas mais vous aviez tout faux. Nous ne sommes pas aux states, la France n'est qu'un petit pays, que ce soit pour le trafic de drogue ou la lecture. Même le fric, il ne fallait pas y penser, mec ! Ni le fric ni le style, rien que le top du classement ! Et j'ai raison, on parle de réussite pour moi et d'échec pour toi. Pire, personne ne s'intéresse à ton échec ! » J'aurais pu me lancer dans des analyses plus complexes, lui rétorquer que lui comme moi on cherche des solutions individuelles alors que Lagardère, Gallimard et les autres réfléchissent en terme global. Ils souhaitent un monde où les écrivains se retrouvent obligés de leur abandonner la plus grande partie des revenus de leur travail. Ils s'en foutent même que quelques marginaux réussissent après des années de combats, ou par hasard, à s'en sortir. Mais les aventuriers finissent toujours par être récupérés, de leur vivant ou après ! Astérix en est l'exemple le plus flagrant, finalement tombé dans l'escarcelle Hachette alors qu'Albert Uderzo avait créé en 1979 les éditions Albert René...

J'aurais pu lui répondre « ça sert à quoi ? » mais n'avais pas envie d'entendre de nouveau « *à baiser le plus beau cul du 9-3, mec !* » Et de toute manière, je n'étais pas non plus certain de mes propres motivations. Ni pour le fric ni pour la reconnaissance d'une œuvre qui de toute manière n'existait pas. Il m'avait déjà raconté le pourquoi du comment. Après tout, Germaine de Staël concéda « *en cherchant la gloire, j'ai toujours espéré qu'elle me ferait aimer.* » Je cherche autre chose que l'Amour ? Je lui résumais néanmoins et il sembla réellement m'écouter :

« - J'accepte cet échec, je l'admets, tu sais. Je n'attends rien de plus que de grappiller chaque année le minimum pour vivre, même sous le seuil de pauvreté officiel. Tu sais bien que je n'aurais pas signé ton contrat sans cette nécessité financière. Si Martin Malvy n'avait pas bloqué mon dossier de bourse au Centre Régional des Lettres, je n'aurais pas eu besoin de ce fric cette année. J'aurais pu ajouter quelques titres… Mais je reste persuadé que dans cette voie j'ai une possibilité d'atteindre ce que je cherche, l'œuvre majeure. Et même aujourd'hui, je reste assez prétentieux, orgueilleux si tu veux, pour croire qu'il suffit d'un déclic pour que mes textes soient vraiment lus, exploités, le théâtre par des troupes, les chansons par des interprètes...

- Si c'est ce que tu cherches ! Mais franchement, je n'en vois pas l'intérêt ! D'ailleurs, pas un journaliste ne s'intéresse à ce genre de trip ! Au Moyen-âge, peut-être, c'est ce qui semblait important, de vendre des livres, quand y'avait ni télé ni radio. Mais aujourd'hui ! On dirait que tu n'as pas compris qu'on est en 2012 !

- Je pense avoir intériorisé qu'à chaque époque il y eut des artistes qui cherchaient simplement à plaire pour réussir, entre guillemets, et d'autres pour lesquels l'art répondait à un besoin existentiel. Je ne sais pas pourquoi mais je crois que je suis de ce côté-là. Peut-être à cause de l'enfance, oui. Même Amina semble incapable de comprendre ce besoin existentiel.

- Existentiel ! Tu sais, avec des mots pareils, ils t'inviteront jamais à la télé. Même Jean-Pierre Pernaut n'emploie jamais ces mots d'intellectuels. Il sait bien qu'on changerait de chaîne ! Les chroniqueurs sont des gens normaux, tu sais ! Pas des intellectuels ! Ils sont même sympas, le plus souvent. »

Ah les « *gros niqueurs* » comme on les appelle dans le sud-ouest, sûrement l'effet de l'accent... Petite anecdote racontée par l'as des bluffeurs :
- *"La littérature est un combat, une guerre, avec de l'intox et des snippers. Je me mets à théoriser, employer le mot littérature comme si j'avais lu Michel Houellebecq, Frédéric Beigbeder, Honoré de Balzac et Marcel Prost."*
Oui, en interview ! Je le sais maintenant, que l'écrivain s'appelle Marcel Proust. Mais durant mon enfance, Alain Prost m'a tellement bercé en tournant des heures dans la télé avec sa voiture rouge, que je l'ai commis, disons ce lapsus, en interview. Nadège avait été géniale. Elle est intervenue "arrête de déconner Kader, monsieur va croire que tu confonds Alain Prost et Marcel Proust ! Il ne sait pas forcément que c'est une de nos blagues, Marcel Prost." J'avais enchaîné.

L'improvisation, c'est mon grand talent. Ouais, y'a du Djamel Debouze en moi. *"Je suis certain que monsieur avait compris, même s'il n'a pas fréquenté notre école de la rue du Génial de Gaule !"*

Oui, l'art de se faire des complices, des potes, des amis. Y'avait de l'Amina dans ce mec. Même totalement incompétente sur un sujet, elle peut te donner une leçon, rien qu'avec la tchatche, le sourire. Ce mec m'était sympathique mais de plus en plus il m'apparaissait comme un versant masculin d'Amina. J'ai même pensé : un jour elle le séduira, lui expliquera la nécessité de retrouver ses « racines » (même si, à sa connaissance, jamais personne parmi ses ancêtres ne s'est préoccupé de religion) et il se convertira, prêchera, écumera les plateaux avec son baratin d'Abdel Malik de l'ebook. Ce scénario m'aurait sûrement apporté d'autres genres d'ennuis !

II Nadège

- Nadège. Ah Nadège ! Avoue, vous n'aviez jamais vu une femme comme ça, au village ! Le vieux, ses yeux en sortent de sa tête. Je peux tout lui demander ! « Avec plaisir ! Avec plaisir ! » Mais le plaisir est pour moi !

- Elle me prenait pour un naze, forcément, un type qui suit le parcours de réinsertion uniquement pour éviter la case prison mais continue naturellement à trafiquer... et comme les autres tombera vraiment un jour... ça c'est ce que vous pensez tous, qu'on ne peut pas magouiller une vie entière en passant entre les mailles de votre filet. Y'en a qui meurent sans avoir connu l'autre côté des barreaux ! Et ce sont eux, nos vrais modèles. Faut pas croire que la prison nous forme ! Ça c'est ce qu'on raconte aux médias pour vous donner mauvaise conscience. Si vous enfermez un jeune, vous en ferez un caïd ! On veut tous devenir des caïds, c'est dans la nature humaine. Même toi, mec, tu veux devenir un caïd de la littérature, c'est une autre face du kaléidoscope ! C'est juste une question de créneau. Si tu avais eu la chance d'être le petit frère d'Adam, tu serais sûrement à ma place.

- ça se voyait, qu'elle n'y croyait pas non plus, à la main tendue de la société qui va récupérer un jeune homme dans le bizness depuis presque deux décennies. Ouais mec, j'ai débuté dans la carrière vers 7 ans, c'était juste de la surveillance, genre appuyer sur un bouton quand déboule une voiture de flics...

- Avant le début de l'affaire Kindle, je n'ai jamais loupé un rendez-vous dans le bureau de Nadège. Elle me prenait le soir, à 17 heures 30, pour éviter que je reste toute l'après-midi. Mais je m'en foutais, j'arrivais dès l'ouverture. Sauf la première fois, forcément ! J'avais rendez-vous à 10 heures 30, je me suis pointé vers 15. Et là, le choc ! Je sais bien que tous m'avaient juré qu'elle était canon, qu'ils ne pensaient qu'à la niquer. Quand elle a ouvert la bouche, je l'aurais violée ! Elle est sortie de son cabanon, c'était au tour de Farid... J'ai failli ne plus trouver les mots, moi, oui, j'étais intimidé !
« - Hein, Farid, que tu me laisses ton tour, j'avais rendez-vous à 10 heures 30 avec mademoiselle.
- Pas de problème, Kader, c'est toi le boss. »
Je sais, il n'aurait pas dû m'appeler ainsi chez l'ennemi. Mais y'avait Nadj devant nous, comme ils la surnommaient, les réinsérés sociaux. Je comprenais pourquoi, maintenant ! Je suis entré dans son bureau et je n'en suis ressorti qu'à 18 heures 30. Tous, Farid, Ahmed, Nico, Fred, Paulo, tous ont juré que ma présence ne les dérangeait pas, qu'ils

n'avaient rien à me cacher. Et c'est vrai, qu'ils n'ont rien à me cacher. À 18 heures 30, elle a vraiment appuyé sur le bouton d'alerte, c'était pas de la rigolade, les keufs ont débarqué dans les trois minutes, gyrophares. Je leur ai expliqué que c'était juste de la drague, que j'étais amoureux, et tout, que je voulais l'inviter au restau, la baiser, et tout. Un flic lui a proposé de la raccompagner, elle a accepté. J'étais vert, elle est montée dans leur voiture ! Là, je me suis juré, parole de Kader, cette nana je lui ferai tout et en plus elle aimera ça.

- La violer dans le bureau, ça c'est un truc, je savais bien que c'était impossible. Tout le monde le savait. C'est le genre de connerie, jamais personne par ici, la ferait. Mais j'aurais facilement pu la violer un soir. Même de manière anonyme. C'aurait été facile de la faire embarquer et livrer dans une cave. Mais non ! Une nana comme ça, il faut que ça se donne vraiment. Bien sûr, si elle n'avait pas respecté sa parole quand on a parié, là elle y serait passée, et tout le quartier en aurait profité. Mais dès ce jour, elle n'a plus rencontré un seul problème. Tout le monde la saluait d'un aimable « bonjour, madame Terns. » Tu vois, j'ai tout de suite compris que c'est une fille, entre elle et moi c'est pour la vie. Il fallait entrer dans son jeu, ne surtout pas la contrarier, attendre la petite ouverture pour y placer un pied. C'est une fille qu'on baratine, qu'on séduit, qu'on drogue au besoin, mais qu'on ne viole pas, comme dirait l'autre.

L'autre de ce « *C'est une fille qu'on baratine, qu'on séduit, qu'on drogue au besoin, mais qu'on ne viole pas* », je sais désormais qu'il s'agit du père de Pablo, alors « ancien fiancé » de Nadège mais surtout le « Carlo d'Egyptair », remarqué par Amina le 9 décembre 2009 à l'aéroport du Caire, escale du vol Addis-Abeba - Paris.

- Son p'tit appareil dans son troisième tiroir ouvert, je l'ai immédiatement remarqué... déformation professionnelle : si elle en possède un, on en récupérera des tas dans les sacs des bobos, vous savez, ces sacs que les gamins me ramènent... non, si vous n'avez pas lu "ma première œuvre" vous l'ignorez... et c'est écrit noir sur blanc dans le contrat signé avec Amazon : dans ce récit je m'adresse au grand public, pas seulement à mes fidèles lectrices et lecteurs... Bref, c'est ainsi que j'ai découvert le Kindle... ma première réponse fut « c'est du chocolat ? » Mais je lui ai promis d'en acheter un, et le lendemain, bien fier, je revenais lui présenter mon joujou high-tech.
« - La livraison, c'est en 24 heures minimum, et encore, avec Chronopost.
- C'est un pote Chronopost !... Non... Je déconne... Tu ne vas pas me croire : ma

mère, qui sait combien j'adore la littérature, m'en a offert un justement hier soir ! Mais j'ai besoin de toi, pour me conseiller en livres à acheter. On prend le *Kâmasûtra* pour l'essayer ce soir ? Tu vois, j'en connais des mots compliqués !

- Tu comptes vraiment lire !

- Si le titre me plaît, je peux tenir jusqu'à la cinquième phrase, c'est arrivé ! Avec le *Petit prince*, un cadeau de mon père, la dernière fois qu'il est passé. C'était en... non, je ne vais pas te faire pleurer sur mes histoires de famille, l'enfance difficile, le manque de repère et tout, il m'appelait « mon petit prince », mon vieux. Tu connais "*le petit prince*" ? d'un mec avec un nom à dormir dans les églises, le Saint-Esprit ! Lire ensemble le *Kâmasûtra*, à toi le texte, à moi ton corps, ça me tente vraiment, ma petite princesse ! Je t'appellerai toujours princesse.

- Ce n'est pas le genre de surnom qui me plaît. Et je te conseille même de ne jamais plus le réutiliser. »

- Jamais je ne l'ai rappelée princesse ; tu sais, les filles sont bizarres, donc parfois il faut les écouter. Un mec m'a expliqué, c'est à cause des hormones. Elles accordent de l'importance aux détails mais sur l'essentiel on en fait ce qu'on veut.

S'il m'avait fallu émettre un avis définitif sur le sujet, j'aurais opté pour le contraire. Et naturellement, je n'allais pas lui expliquer que 48 heures plus tôt, Nadège m'avait raconté, ce *princesse*... Ce terrible princesse qui me fit si mal quand moi également je l'ai pris dans la gueule avec les mails de ce Carlo à cette saleté d'Amina qui pourtant les mêmes jours continuait de m'écrire « mon Amour, tu me manques... »

- Là, dans les 12 mètres carrés réglementaires de mademoiselle la référente, l'idée de génie, quand elle me montre, avec un petit sourire narquois, déplaisant, la boutique Amazon Kindle, et ses meilleures ventes :

« Le jour où je suis là, tu couches avec moi ! »

Elle m'a regardé en souriant, j'avais le doigt sur son écran.

« - Tu veux dire, le jour où tu es en tête des ventes de la boutique Amazon Kindle !

- Bin ouais ! Tu m'as raconté, j'ai retenu, qu'on peut tous publier, avoir un bouquin là.

- Mais pour être là, comme tu dis, il faut que les gens achètent. Mon ami fut l'un des premiers à utiliser la plateforme d'autopublication d'Amazon en France, malheureusement sa nouvelle n'a pas encore trouvé son public.

- C'est un naze ton rital ! Je t'ai déjà dit de le passer par la fenêtre du sixième... Si tu veux, on s'en charge... Ouais, j'écris un livre, les gens achètent, et le jour où je suis là, number ONE, tu couches avec moi ! »

- Elle a souri, elle me prenait pour un naze, un naze parmi les nazes, alors qu'elle, elle croyait s'en sortir en étudiant, en continuant d'étudier le soir pour obtenir encore plus de diplômes et un jour décrocher le boulot où elle gagnerait en un mois ce qui s'empoche en quelques heures en fournissant aux bobos la poudre dont ils ont besoin pour calmer leur stress, les pauvres choux.

Elle réfléchissait. La question de coucher revenait dans la conversation au moins treize fois par rendez-vous. Elle a pensé me piéger, elle est donc entrée à pieds joints dans mon filet :

« - Si tu me promets, toi, de te mettre à écrire et de ne jamais plus me parler de coucher avant d'être numéro 1 des ventes !

- On se le promet, je n'en parle plus, quoique j'en meure d'envie, je pourrais pas obtenir un petit aperçu, là, juste ta bouche, ce serait déjà... T'as un truc que les autres n'ont pas... OK ? Et toi, le jour où je suis numéro 1, tu couches, là, ici, devant l'écran, et tu passes les nuits avec moi tant que je reste numéro 1. Promis ? Et après 30 jours, je te demande en mariage, on s'achète une maison à Neuilly, t'arrêtes ce boulot à la con, tu te consacres à l'écriture ma chérie et toi aussi tu deviendras number one. OK ? »

- Elle a souri, elle me prenait pour un naze. Le genre de sourire du vendeur de Confo. Le sourire qui signifie, je rentre dans ton jeu, car je n'ai rien à perdre. Elle hésitait quand même. C'est vraiment parce qu'elle a cru ne prendre aucun risque qu'est sorti : « - OK. »
- Je me suis approché, je lui ai tendu la main, et face au silence elle a fini par frapper dedans. Je suis parti. Sans même essayer de lui caresser les seins.
« - Ne t'inquiète pas si je loupe quelques rendez-vous, tu me notes présent, je suis un vrai écrivain, je m'enferme dans ma chambre. »
- Je n'avais aucune idée de la manière dont je pouvais réussir ce qui lui semblait impossible mais je savais que c'était ma seule chance de vraiment coucher avec elle. Jamais l'idée de la payer ne m'a traversé l'esprit : on ne paye pas une femme, on la prend. Sauf forcément celles dont c'est le métier… chacun son job.
- Eh ouais, moi, Kader, pour consommer Nadège sans la violer, je suis numéro un des ventes du Kindle, et depuis je câline la plus sublime des nanas du pays. Maintenant, je n'ai plus besoin de ça : elle est amoureuse, depuis mon contrat avec Amazon. Je crois qu'elle en a même oublié ce vrai naze de rital, son Pablo et leurs rêves à la con d'une vie bourgeoise en quartier résidentiel et grands voyages organisés. Elle est ma femme !

III Nègre

Kader venait de passer dans l'émission *Capital* du 19 février 2012, « *Kindle : la liseuse du XXIème siècle.* » J'avais lu son nom dans quelques tweets et commentaires, quand il m'a contacté, lundi 20 février à 15 heures 17, via www.ecrivain.pro.

« Salut Stéphane,
Je suis Kader Terns. Tu sais forcément qui je suis, l'auteur de « la vraie vie dans le 9-3. »
Tu sais écrire mais tu ne sais pas te vendre, alors que je suis bankable. Il faut qu'on se rencontre, et que tu écrives pour moi. Pour te montrer que ce n'est pas du bluff, que je ne contacte pas trente écrivains, je te fais un don de 500 euros sur ton paypal.
Kader, la star du Kindle. »

Je sais maintenant qu'il envoya son bras droit chez l'écrivain public qui venait de s'installer boulevard du Général De Gaulle à Aubervilliers, pour obtenir ce texte, expédié sur une adresse mail puis copié collé en remplaçant "Émile Zola" par "Kader Terns" et "l'argent" par "la vraie vie dans le 9-3."

« - Tu comprends, fallait pas que ce mec sache que moi Kader je cherchais un nègre ! Alors on a pris un nom au hasard dans la boutique Kindle, tu vois, on n'a pas fait d'études mais on connaît la vie ! Là, je suis sûr que tu n'y aurais jamais pensé ! Il ne faut jamais laisser de trace. Ni risquer de se faire remarquer lors d'un repérage.

- J'aurais aimé voir la tête de cet écrivain public !
- Un louf ! Un naze ! Il voulait rien comprendre. Farid a dû lui poser cent euros sur la table et lui expliquer trois fois le topo. Il ne comprenait rien ! »

Je n'avais pas jugé indispensable de l'informer de l'année de naissance de l'auteur des Rougon-Macquart.

Ce lundi 20, je lui ai répondu vers 19 heures, après en avoir discuté avec Amina, qui ne s'était pas rendue au collège, cause migraines. Le soir, elle m'a vraiment fait l'amour. ça faisait bien six mois qu'elle n'avait pas pris pareille initiative. Oui, le mec me considérait comme un véritable écrivain. Non, je ne pouvais pas refuser sa proposition, être son nègre, c'était ma chance. De toute manière mes livres ne se vendent pas, ça ne sert à rien d'en rajouter d'autres... Cette expérience allait me permettre de progresser, écrire pour les autres c'est sûrement une bonne école, un des derniers prix Goncourt a d'ailleurs travaillé ainsi durant des décennies, et ça ne l'a pas empêché de réussir...

(« - Oui, Patrick Rambaud, prix Goncourt

1997 avec "*La Bataille*" mais n'oublie pas qu'il s'agissait d'un des journalistes du magazine "*Actuel*" et une personnalité du petit monde littéraire qui publiait également sous son nom chez Grasset de chez Lagardère ou sous pseudonymes, c'était un de ces petits apparatchiks de l'édition à cause desquels le système tient.

- Ne sois pas négatif ! Regarde le bon côté des choses. Ce mec a besoin de toi et tu as besoin de lui. Vous devez vous entendre. »)

Euphorique : j'allais devenir une forme de salarié de l'écriture, et finalement c'est ce qu'elle attendait de moi : un salaire fixe et des horaires.

48 heures plus tard, il débarquait. Je lui avais proposé de le prendre à la gare de Cahors mais il n'a pas voulu me déranger. Finalement, je lui ai donné rendez-vous au café du centre, à Montcuq. Il ne connaissait que ma boîte postale. L'inviter chez moi ? Jamais lors d'un premier rendez-vous avec une femme, qui plus est avec un type venant de là-haut !

- Ouais, moi la caillera du 9-3, à même pas vingt-cinq ans, mes mémoires intéressent : « *comment je avoir été meilleure vente Amazon Kindle* », ça s'appellera. De la littérature moderne, avec des phrases qui cognent, de la vitesse, de l'émotion, du vécu.

Je veux que ça clashe. Les intellectuels passés par les écoles n'ont aucune chance : ils ont perdu le contact avec la réalité. Moi, je vais te donner la réalité, il te suffira de la noter.

- J'ai reçu d'Amazon un méga à-valoir pour mes mémoires ! Je suis l'Amanda Hocking français. Amazon voulait un contrat d'exclusivité, ils ont payé !

- Ma page facebook dépasse les 15 000 fans. Je suis acclamé dans la rue, je reçois des invitations de la mairie. Bientôt, j'aurai droit à TF1, le top, un dossier sur la banlieue qui réussit, qui croit aux nouvelles technologies, en l'avenir, quand les p'tits blancs moisissent repliés sur leur camembert et leurs livres en papier.

- Je l'ai promis, je vais refiler la recette, les ingrédients au gramme près. Donc j'avoue tout de suite, même si tu avais forcément deviné : j'étais loin des 10 000 quand j'ai annoncé ce "chiffre qui fait rêver" dixit même Le Monde... Ouais, la classe, les colonnes du Monde !... Avec même un super dessin de Pancho, super drôle, avec une étagère remplie de centaines de Kindle. Mais ça m'a permis de les atteindre ! Je sais bien qu'elle est connue cette technique, il suffit de prétendre une chose pour qu'elle se réalise. J'ai simplement été le meilleur cuisinier ! Le plus rapide ! On ne manipule pas de la même manière le top 50 des chansons à la con et le top 10 d'Amazon Kindle !

- Le contrat signé, j'ai posé la question : puis-je faire croire qu'un mec comme moi, n'est pas capable de raconter sa vie donc se paye un nègre, ce qui crée deux niveaux d'écriture et d'analyse ? Réponse « Vous êtes l'écrivain. Nous avons confiance en vous. Mais gardez le style que vos admirateurs adorent. »

J'avais parcouru, faute de pouvoir lire un tel ramassis sans queue ni tête « la vraie vie dans le 9-3 », toujours à 99 centimes sur Amazon. Oui Amina, avec cinq cents euros je pouvais m'acheter ce bouquin ! Et même t'en offrir un pour ton plaisir ! Puisque tu as la chance de posséder l'un des premiers Kindle vendus en France, cadeau d'anniversaire promis, finalement arrivé en octobre. Je ne pouvais donc pas imaginer que pour un tel résultat, il avait déjà utilisé deux nègres ! Ainsi ne le questionnais pas sur le véritable auteur de ce « best-seller. »

Fin mars, je lui ai demandé :

« - Tu la raconterais comment, notre première rencontre ?
- Montcuq ? C'est le trou du monde ! Je ne suis pas le premier à le remarquer, et ça ne te fait même pas rire ! C'est vrai que t'es un mec trop sérieux. »

Il ne pouvait pas s'empêcher, je crois. Etait-ce pour me taquiner, me tester ?... D'après Nadège, mes silences, ce « *sérieux* » le mettaient mal à l'aise. Il avait eu envie de me cogner « *comme ça, juste pour voir* » mais « *quelque chose le retient, le bloque* », et prétendait ignorer quoi. Néanmoins, le plus souvent, enchaînait par « *tu te rends compte, ce type est né la même année que mon père !* » Bizarre d'observer la réalité sous cet angle, mais j'avais effectivement vingt ans en 1988. Et j'aurais également pu avoir un enfant cette année-là. Ce fut d'ailleurs tout le bien que me souhaita Fano à la Saint-Sylvestre. Et durant des semaines elle me lança régulièrement son désir de maternité... J'avais beau lui répondre sur mon BTS à obtenir, un emploi à trouver, elle considérait inutile de se soucier de la manière dont on élèverait un marmot, qu'heureusement, avant, nul ne s'en préoccupait sinon personne n'en aurait eus ou tous les auraient tués à la naissance. Nous aurions pu avoir un enfant qui aurait l'âge de Kader... donc plus âgé que Nadège... Cette "révélation" me perturba mais elle le comprit immédiatement et m'apaisa...

« - Quelle aventure ! On ne peut pas croire que ça existe, en France, des endroits pareils. Un silence ! Même pas un avion ! T'as le temps de compter les voitures ! Enfin, sûrement que pour un écrivain, c'est un bled idéal. Le fou, après une bière, il a voulu me montrer des gariottes, des lavoirs, des pigeonniers. Qu'est-ce qu'il m'ennuyait avec ses vieilles pierres. Je ne sais pas pourquoi, je ne voulais pas le contrarier. Je savais que c'était lui, mon nègre. Et il fut très sensible à mon petit cadeau, oh juste une petite boîte à cigares, avec une enveloppe à l'intérieur, où il a découvert un bulletin du loto. Cinq bons numéros, ça entretient l'amitié ! Et non imposable ! Je ne lui ai donc pas demandé s'il acceptait ; il avait empoché l'enveloppe, avec un simple "merci". J'aurais apprécié un peu plus d'enthousiasme. Et quand je lui ai dit « donc, tu repars avec moi », il m'a sorti « OK pour signer un contrat, mais ma vie est ici, donc en précisant que nos échanges se dérouleront par skype ou le téléphone. » Ça m'a un peu dérangé qu'il ne souhaite pas se faire une opinion sur le terrain, voir la cave d'Anaïs, le bureau de Nadège, son appartement, le mien, le crématorium, l'ascenseur de la cité, la machine à écrire de Fatima... Un sauvage, ce mec ! Pourtant je l'ai assuré qu'il pouvait venir sans problème, que je lui accordais une protection 24 heures sur 24, qu'il n'aurait pas un souci. Que je mettais même dans son lit une super nana chaque soir s'il le voulait. Mais j'ai compris : moi non plus, je n'avais pas envie de revenir dans son Quercy et je lui avouais que toutes ses vieilles pierres me barbaient. « Tu es du béton, moi de la pierre », il m'a répondu. Alors on est repassé chez lui, il a cherché un modèle de contrat sur internet, on en a causé tandis qu'il arrangeait ses copier-coller, j'étais d'accord sur tout. Je peux même te dire que pour le fric, t'aurais demandé le double que tu l'aurais eu !

- Pourtant Amina m'a réprimandé. Elle a trouvé que j'avais exagéré, que j'avais profité de la situation.

- C'est vrai qu'elle a des relations bizarres avec le fric ! Rien que d'envoyer cinq cents euros par mois à Djibouti, elle est malade ! Ils se payent sa tête là-bas, ils ne lui donnent rien en échange. Pourquoi tu ne lui as pas expliqué « ok, je vous donne autant cette année, mais vous montez votre bizness et l'année prochaine vous vous débrouillez. »

- C'est un peu ma position, avec la formule qu'il vaut mieux apprendre quelqu'un à pêcher que de lui donner du poisson mais il paraît que je suis bien un européen, qui n'y comprend rien à leurs traditions... Que l'argent, ils en ont besoin pour manger, et que de toute manière dans sa famille on ne sait pas gérer un budget, une affaire, tenir un magasin... sa mère a essayé quand elle s'est retrouvée veuve mais elle accordait tellement facilement le crédit qu'elle était rarement payée et ne pouvait plus acheter aux fournisseurs. Elle y a dilapidé le mince capital hérité.

- Elle est malade, elle gagne mille deux cents euros, par mois, même pas par jour, et elle en envoie cinq cents. Si elle gagnait au loto aussi souvent que moi, je suis certain qu'elle aurait même pas un livret A plein.

- C'est haram le fric sur un compte. Encore plus s'il rapporte des intérêts. Les intérêts sont complètement haram ! Il faut donner, donner, donner... L'année dernière, avec les 1000 euros de pension alimentaire versée chaque mois par le père de son fils, plus son contrat de vacataire, c'était l'euphorie, sa mère a même pu terminer d'acquérir sa maison ! Comme elle se plaignait de l'état de ma vieille 205, j'ai quand même réussi à la persuader d'acheter une voiture. Ce fut une occasion, car le moment venu il ne lui restait plus que quatre mille euros ! Alors cette année, il faudrait que j'assume les fins de mois et paye l'électricité parce que madame il lui reste trois euros et que son salaire, elle l'attend mais promis le mois prochain, elle paiera ce qu'elle doit ! Puisqu'elle va toucher ses heures supplémentaires. Mais tout ça, même si là on en rit, ça résume sa vie : les promesses n'engagent que l'instant présent ! « *Oui, je le pensais à ce moment-là* » elle répond avec arrogance quand je lui rappelle ses propos, et le même scénario, sur tout, recommence, Amina les belles promesses, les mails lyriques... Je t'avoue que je n'en peux plus !

- Tu vois, j'ai trouvé la femme parfaite ! Elle prend dans le pot ce qu'elle veut mais elle se contente de peu. Si elle avait mon fric, ton Amina, sa mère pourrait s'acheter tout le riz de Djibouti !

- Mais il faudrait lui en renvoyer le mois suivant car les cousins, les cousins des cousins, les voisins, les voisins des voisins seraient passés pour qu'elle partage ! Paraît que les afars sont ainsi, c'est dans leurs coutumes mais ils commencent à s'apercevoir de leur marginalisation dans la société djiboutienne où les issas savent gérer un budget et faire des affaires. Mais sa fierté, c'est qu'il n'y a pas un afar dans la rue, car un afar sait qu'une porte lui est toujours ouverte tandis que chez les issas où l'entraide n'est pas aussi développée, des mendiants traînent. Elle reconnaît pourtant que ce système a ses limites, car des gens préfèrent vivre aux dépens des autres plutôt que de travailler et entretenir tout un tas de parasites. Alors chez les familles qui ont la chance de recevoir de l'argent de France c'est table ouverte !

- C'est pour ça qu'ils élèvent leurs filles comme de bonnes pouliches chargées de séduire le type blanc qui pourra nourrir toute une tribu, un de mes potes a failli se faire avoir ! Il y était militaire et au lieu de consommer ces petites beautés... car y'a pas à dire, elles sont mignonnes, il s'est amouraché... Le con, il s'est mis une balle dans la tête en jouant à la roulette russe ! Il croyait m'impressionner !

- Elle l'avait trouvé, le bon bougre, Amina. Mais à force de lire des histoires d'amour, elle a cru que c'était plus important que l'argent, l'amour. Et aujourd'hui, elle revient au principe de réalité de la fille aînée de là-bas, qui doit se sacrifier pour envoyer chaque mois son virement. Il faut souvent choisir dans la vie, entre vivre l'amour ou essayer de gagner du fric. J'ai cru qu'elle était tournée vers l'amour uniquement car celui qui était encore son mari s'occupait des questions pécuniaires. Mais quand elle s'est aperçue que je voulais bien apporter l'amour mais que pour l'argent il fallait qu'elle se débrouille... Argent ou amour... ou même ni l'un ni l'autre !

- Je suis pourtant l'exemple qu'on peut avoir les deux !

- Et pourtant tu es revenu dans ce Lot des vieilles pierres !

- Ouais, le plus surprenant, c'est qu'à peine retourné dans Nadège, je n'avais que tes vieilles pierres à la bouche. Le béton me sembla tout d'un coup triste. Faut dire, Nadège était toujours à me relancer « *alors, c'est si beau que ça...* » Et toi et ta charmante

106

compagne avez accepté de nous faire visiter le samedi. C'est vrai qu'elle est charmante, elle a toujours le mot aimable. Le vieux trouve que c'est une femme fantastique, pourtant il n'a jamais eu l'occasion de voir ses seins et encore moins le reste. Quand je lui ai demandé, il m'avait balancé « *c'est pas une femme comme ça, c'est une femme droite.* » T'inquiète pas, je ne lui ai rien raconté de Carlo et compagnie. Je crois qu'il désapprouve la tenue de Nadège même s'il ne peut pas s'empêcher de se rincer l'œil !»

Quand Nadège m'avait confié sa version, je n'avais pu m'empêcher de la taquiner :
« - Les femmes sont terriblement manipulatrices et les hommes ne voient jamais rien !
- Les femmes, je ne sais pas. Mais depuis des années je cherche une manière de m'en sortir. M'en sortir vraiment. J'ai bien pensé à disparaître un matin pour refaire ma vie très loin mais je sais que ma mère ne s'en serait jamais remise. Et je crois que c'est devenu impossible avec les passeports, visas, cartes d'identité, les avis de recherche, de repartir de zéro ailleurs. J'ai bien pensé à lui expliquer à ma mère mais comment lui avouer tout ça ? Elle qui me croit tellement heureuse, qui s'est décarcassée pour me payer des études et maintenant son plus grand bonheur c'est de me regarder belle et diplômée... alors elle me

croit heureuse... c'est ce que je voudrais devenir. Donc oui, j'ai légèrement manipulé Kader, avec l'intention de prétendre tomber amoureuse de cette région... et si possible d'y rester... Je ne pouvais pas l'imaginer éloigné plus de trois jours de ses potes. J'ignorais s'il allait être réceptif à mes arguments mais au moins ça représentait une opportunité. »

IV Une ruine

Samedi 25 février 2012. Nadège semblait émerveillée. Elle caressait les vieilles pierres, enlaça même un chêne, mangea des pissenlits quand j'eus raconté que les anciens les utilisaient en salade, buvait l'eau des ruisseaux bien que je l'en dissuadais en lui expliquant les pesticides et nitrates des champs de blé et tournesol. Et c'est après deux heures dans des sentiers sans avoir croisé le moindre humain mais aperçu trois biches et deux lapins, où ils nous pensaient égarés, qu'on est arrivé au panneau "À vendre." Amina l'aimait cette ruine. Elle aurait voulu l'acheter. Mais la banque refusait de lui prêter plus que le prix d'un billet d'avion. Dans six semaines, le 7 avril précisément, elle repartirait 14 jours à Addis-Abeba, je la maudissais plus ou moins en secret d'avoir modifié le planning prévu, simplement car ses vacances de prof ne correspondaient pas avec celles de son fils, cette année avec son père, là-bas, en Éthiopie, où elle m'avait promis de ne jamais retourner. Prof contractuelle car "naturellement" en avril 2010, elle s'était presque aussi lamentablement plantée au concours d'instit qu'en 2009.

« - Arrête avec ça, c'est de l'histoire ancienne, tu ne voudrais quand même pas que je reste six mois sans voir mon fils.

- Il revient. C'est prévu ainsi sur les papiers signés chez l'avocate, validés par le juge de votre divorce.
- Oui mais je travaillerai.
- Là-bas il sera en cours.
- Mais on aura les soirs, les week-ends.
- Comme ici !
- Mais quand je travaille je suis épuisée...
- Tandis que quand tu voyages, tu jubiles. »

Ça n'arrêtait pas, cette discussion mais elle partirait, elle avait payé le billet d'avion avec un emprunt (puisque son méchant amour avait refusé de les lui avancer, les mille cinq cents euros, qu'il possédait pourtant) et elle me dégoûtait de nouveau... Je ne la soupçonnais pas de l'intention de m'y tromper, pas même d'essayer de revoir "amicalement" son Carlo mais la plaie se réouvrait... Comment pouvait-elle ne pas éprouver la moindre hantise à l'idée de remarcher là où... ? De l'histoire ancienne. Voulait-elle voir les yeux dans les yeux Sophie, la manière dont elle se comportait avec son cher fils ?

Amina aurait voulu l'acheter, cette ruine. Propriété en restauration plutôt, où le propriétaire a sûrement déjà trimé des années sur la maison puis le découragement l'a pris ou l'âge l'a rattrapé...
« - Cinq cents euros par mois, six mille par

an, depuis dix ans, avec ces soixante mille d'apport, la banque te prêterait.

- Donc je préfère qu'elle ne me prête pas, je suis fière de ce que j'ai fait. Cet argent était plus utile là-bas qu'ici. Un jour je l'aurai ma maison mais ma mère passera toujours avant.

- Alors, pourquoi te plains-tu ?

- Je ne me plains pas mais je voudrais bien l'acheter, pour avoir un toit au cas où tu me mettrais dehors. »

Seule la mort de cette mère semblait pouvoir nous sauver ! À 52 ans, elle se considérait d'ailleurs déjà comme une survivante, ayant enterré quasiment toutes les femmes de son âge. Mais grâce à sa fille providentielle, elle se soignait correctement à la moindre alerte. Dans ces cas-là, immédiatement Amina augmentait la "dotation".

Nadège s'est faufilée par l'espace d'une fenêtre à poser. Nous l'avons suivie. Elle rêvait tout haut « là ce serait la cuisine... ici le canapé en open space... trois chambres au-dessus. »

Elle nous a regardés : « si la banque me fait un prêt, je l'achète. »

Amina lui a répondu : « si la banque m'avait prêté, je l'aurais achetée. »

Et Kader « je l'achète ! »

Un soir de fin mars, Kader m'a confié : « j'ignore ce qui s'est bidouillé dans ma tête, je me sentais tout bizarre, je me voyais vivre là, avoir des enfants, les élever tranquillement, le bus passerait sur le chemin en bas après le ruisseau, ils ne risqueraient pas de tomber sur une seringue ni de choper une balle perdue ou d'être écrabouillés par une voiture de keufs... On ne sait pas, on n'a pas idée, quand on grandit dans notre béton, qu'un tel monde existe... et qu'il peut procurer du plaisir... le retour à la nature comme ils bavent à la télé. »

Nadège, également fin mars, peu après « J'ignorais s'il allait être réceptif à mes arguments mais au moins ça représentait une opportunité » : « mon enthousiasme pour cette ruine, ce n'était que du cinéma. Ce que je voyais, c'était l'occasion de quitter le 9-3. J'avais compris que là-bas je ne m'en sortirais jamais. Il me fallait éviter d'être l'enjeu d'une guerre entre beurs et ritals. J'étais le lot du gagnant, une question d'honneur, entre Kader et Pablo. Les deux m'ont piégée. Je ne pouvais pas imaginer Kader vivre ici. Cet endroit a représenté l'espoir de me libérer de cette prison. J'étais certaine qu'il retournerait là-haut avant huit jours. Et il s'y plaît. Le béton, la bière, la brioche, toi, le vieux et moi, il me dit qu'il a trouvé ce qui lui convient. Symboliquement, tu commences à prendre la place de son père, et le vieux celle de son grand-père. Et il sait que s'il retourne là-haut, il finira comme les autres, victime d'un ambitieux. Son cousin Farid, il s'en méfie de plus en plus. À chaque fois que je crois me débarrasser d'un bourreau, j'ai l'impression qu'on m'enchaîne encore plus... Je ne te demande même pas d'aide. Car je sais qu'arrivée à ce point, toutes les solutions, je les ai imaginées… »

La star du Kindle, immédiatement pragmatique, me questionnait :
- Ça coûte combien, ce genre de maison en restaurant ?...
- Quand les anglais achetaient tout, le propriétaire aurait mis en vente vers 250 000 euros. Maintenant, il sera content d'en obtenir 180 000. Et s'il est pressé, tu peux l'avoir à 150, peut-être même un peu moins !
- Tu es sûr ? Tu n'oublies pas un zéro ?
- 150 000 ça te semble peu !
- Quand comme moi on travaille depuis ses 6 ans... et tu sais j'ai souvent gagné au loto, au banco, enfin à tous ces jeux de hasard... Je suis né sous une bonne étoile !

Nadège est intervenue :
- Alors, ça se passe vraiment comme ça ! Quelqu'un a un bulletin gagnant et un petit truand lui rachète en lui offrant 10 ou 20% en plus. Le buraliste touche sa commission de mise en contact. C'est la technique du blanchiment de l'argent de la drogue ?

- Mon amour... je ne t'ai jamais juré avoir été un ange. Mais là... j'achète cette maison, on la retape comme deux bourgeois, et on y vit tranquilles, tu arrêtes la pilule et on repeuple le coin.
- D'abord, j'ai parlé la première d'acheter cet endroit... et ça me dérangerait de vivre sous un toit acheté avec l'argent de la drogue et du bisness.
- Attends, mon à-valoir suffit ! Allez, moitié - moitié ! OK ?

Nadège hésitait.

- OK !

J'ignore encore ses pensées durant cette hésitation. A-t-elle mémorisé ses économies ? La difficulté probable à dénicher un travail dans la région pour rembourser un prêt ? A-t-elle finalement considéré que l'essentiel était d'avoir une raison de vivre loin du 9-3 ? Que de toute manière Kader y retournerait et s'y ferait rapidement liquider ?

- Bonjour à nos nouveaux voisins !
- Vous habitez à des kilomètres !
- Par le sentier derrière votre nouvelle propriété, disons qu'un kilomètre et demi nous sépare. C'est être voisin, par ici !
- On a marché durant des heures !
- Les sentiers parfois se croisent, se rejoignent. Un jour vous les connaîtrez aussi bien que moi, et donc mieux qu'Amina, si vous devenez vraiment lotois.

- Quand mon fils sera là, on va marcher.
- Tu m'avais déjà promis ça en 2010, il a été avec nous durant un an et on n'a rien fait.
- Encore des reproches !
- Juste la réalité. Même devant des invités, nous ne pouvions éviter de nous disputer. « *Un couple se forme, l'autre agonise* » j'ai simplement pensé.

- Ça se passe comment, pour acheter une maison ?
- Propriétaire, notaire. Cent-cinquante habitants seulement au village mais un notaire, donc la vente s'effectuera sûrement chez lui. Sauf si le propriétaire est très fâché avec ce notable parfois peu scrupuleux sur la nécessaire honnêteté de sa charge.
Je leur racontais la manière dont il avait essayé de m'arnaquer près de trois cents euros, des francs à l'époque, deux mille.

La première fois que nous y étions passés, Amina et moi, j'avais photographié le numéro noté sous « propriétaire (achat sans intermédiaire). » Il restait lisible. Kader l'appela immédiatement. 180 000 euros. L'écrivain Kader Terns ne discuta pas le prix, il était pressé, devait retourner à Paris pour enregistrer une émission sur Canal+... Il devrait déjà être dans le train, prendrait un taxi... Car il était tombé amoureux du coin...

Le notaire fut plus difficile à convaincre, il fallut ajouter la promesse d'une enveloppe avec dix billets de cent euros, qu'il alla immédiatement lui remettre. Ce furent quelques minutes "surréalistes" quand Kader ouvrit la pochette avant de sa sacoche, gonflée de billets, lui en comptant dix. Le vieil homme fut manifestement époustouflé d'un tel gain si rapide mais rien n'est gratuit, il eut droit à un choc compensateur :

- On est OK, je plaisante pas dans ce genre de bisness, aucune entourloupe, tu t'occupes de tout, sinon je te mets trois balles, à la martiniquaise, la première dans le tibia, la deuxième dans les couilles et la troisième dans la gorge.

Et comme s'il ne s'était pas aperçu de son trouble, il lui tapa sur l'épaule. Nadège essaya de le rassurer, en souriant, précisant « vous savez, nous venons de la banlieue où les gens se parlent comme ça mais Kader est très gentil, c'est juste que quand il paye il veut que les choses soient bien faites. » Je lui souhaitais poliment une bonne soirée. Amina et Nadège en firent de même, lui donnant également du "Maître." Nous n'étions qu'à trois pas quand Kader ajouta « *il a l'air sympa le vieux mais il fera pas de vieux os, ça se voit dans ses yeux.* » Certes dans son charabia les mots ne furent pas forcément compréhensibles pour notre premier adjoint au maire...

Effectivement, il avait l'œil, le notaire n'a pas connu 2013. Ce fut même la dernière sortie officielle du Conseiller Général, avant sa propre descente en terre. En quelques mois le clan offrit de nombreuses opportunités de promotions aux futés lancés dans la carrière...

V Chambre d'amis

Après l'appel au propriétaire et le passage chez le notaire, la prise de rendez-vous pour le lendemain, Kader s'est imposé.
- Alors, ce soir, on dort chez toi, ou on se trouve un hôtel ?

Amina, naturellement, joue la femme enchantée de la présence de "mes amis"... mais elle n'a rien de prêt ! Kader, gentleman, nous invite au restaurant... Ce fut une soirée très agréable. Amina maîtrise vraiment l'art de la conversation... l'art de tenir une conversation, la relancer, l'art des banalités... elle aurait pu devenir une très bonne députée langue de bois, en France mais également à Djibouti où paraît-il « le poste » lui fut proposé... Paraît-il, ses mots, je le sais maintenant, n'ont pas toujours le sens du dictionnaire... Oui, elle aurait pu prétendre au rôle de la "diversité visible" du "radicalisme", au PRG. Elle le tiendra peut-être un jour.

C'est même elle qui insista pour qu'ils dorment chez nous quand Kader, passant devant un hôtel à Montcuq, considéra que finalement ce serait drôle et génial, qu'ils n'allaient pas nous déranger... Mais non, l'habitation est constituée de trois maisons au sens du dix-huitième siècle et dans l'une se situe notre chambre d'amis. Naturellement, des portes ont été percées depuis longtemps... L'art de magnifier la réalité...

VI Nadège et Kader, propriétaires

Nous nous retrouvâmes chez le notaire le lendemain à 10 heures, oui un dimanche. Il nous attendait avec son fils, également entré dans la carrière mais toujours dans une autre étude, à Cahors, faute d'obtenir la succession. Le notaire crut bon de préciser « ça fait dix ans que ça ne m'était pas arrivé. » Le protocole d'accord fut signé mais Kader paya l'ensemble immédiatement, même si, comme le souhaitait Nadège, la maison leur appartenait moitié-moitié. « On s'arrangera. » Oui, il possédait une telle somme sur son compte courant ! « Mon à-valoir ! » Le propriétaire fut ébahi de recevoir une enveloppe. « Pour le dérangement du dimanche. » Moi également ! Le notaire apprécia modérément le « quant à toi, on ne peut pas gagner au loto le samedi et le dimanche. » Mais il sortit de sa poche deux billets, les tendit au fils... qui eut le réflexe professionnel de les refuser... À son grand étonnement, Kader ne les déposa pas sur son bureau : il me les donna ! Je poussais la malice jusqu'à balancer « *je les garde pour l'achat de ma prochaine maison.* » Subtilité incompréhensible pour Kader, même après explications durant le retour au bercail.
Quand elle l'apprit, Amina souhaita que je lui restitue l'ensemble : « de l'argent sale, c'est

haram. » Le billet de loto avec cinq bons numéros, elle en avait pourtant été enchantée… « même si le jeu c'est haram, mais tu n'as pas joué ! » Encore ce dimanche-là, comme pour le salaire, elle distinguait une différence : « tu ne savais pas que c'était de l'argent haram quand tu l'as accepté. » Finalement, placés dans une enveloppe à bulles protégée dans une boîte en fer plate, ces billets atterrirent derrière une pierre, dans la vieille grange. Elle refusa l'idée de la cave. Je m'étais retenu… pouvait-elle imaginer que malgré tant d'insultes encore régulièrement balancées, je lui en épargnais bien souvent, comme en ultime réplique un « et baiser avec Carlo, ce n'était pas haram ? »

Le propriétaire, rassuré par le notaire au sujet du paiement qui transiterait par son compte, n'avait soulevé aucun obstacle à leur installation immédiate. Il leur remit les clés, « *devant témoins.* » On devait se revoir après le 26 avril pour la signature de l'acte définitif. On, Kader insistait, j'étais sa caution locale.

VII Un couple s'interroge

Ce dimanche soir-là, avec Amina, peut-être l'effet de cette marche, ce week-end à quatre, nous avons parlé de notre couple. À son initiative, en débutant par l'habituel « Pourquoi, alors qu'on s'aime tant, on a tellement de difficultés à vivre ensemble ? »

Nous avons eu l'impression de dialoguer mais sûrement, comme moi, l'essentiel, elle l'a gardé au fond d'elle. Et nous avons fait l'amour. Puis elle s'est endormie. Après m'avoir reproché que l'on ne se soit pas contentés de causer enlacés, qu'il ait fallu que je... alors qu'elle travaillait le lendemain. Et j'ai pensé, j'ai une nouvelle fois tout retourné dans ma tête...

Le sentiment amoureux, de grand Amour, je l'ai connu quand elle est venue ici pour la première fois, durant les vacances scolaires d'octobre 2008. J'avais rencontré la femme tant espérée...

Mais le week-end suivant [alors que son mari était reparti en Éthiopie après dix jours « au chalet » avec leur fils], d'une phrase, en six mots, elle a brisé l'harmonie. Oui, en six mots, elle ne comprendra jamais avoir tout détruit.

Dès lors, tout ce que j'ai pu ressentir d'amour, ou d'attachement, s'est situé sous le couperet de son « il faut que tu deviennes musulman. »

Et si elle a souhaité vivre avec moi en sachant que je n'étais pas musulman, si parfois elle semble accepter ma qualité d'athée, jurant même qu'elle n'en parlera plus, il lui suffit d'échanger un mail avec son frère, parler avec sa mère ou sa Kagera pour revenir à la charge.

Est-ce tenable ? Ça sert à quoi, tout ça ? Mais il y a nos corps. Nos corps ! Cette sensation de bien-être inaccessible autrement ! C'était ce que j'attendais d'un couple. Mais le prix à payer est trop élevé : vivre dans l'insécurité sensuelle perpétuelle ne me convient pas. Là, après avoir fait l'amour, j'aurais dû m'endormir ravi… Et notre vrai lien, il est vraiment disparu, ce qu'on appelait notre union spirituelle, notre transmission de pensées, d'émotions. Oui, c'était plus fort encore que nos corps. Certes, moi également, j'ai lutté contre cette transmission de pensées qui te catapultait dans ma poitrine, te permettait de me ressentir dans ton ventre… ça je ne pourrai jamais te l'expliquer, sinon tu vas jubiler, te sentir exonérée de tout, prétendre que tu as fait toutes tes saletés car au fond de toi tu as bien senti que je te repoussais… alors que je voulais juste t'épargner ma lassitude de tes « il faut que tu deviennes musulman »… et tu as lutté contre cela, toi, contre tes affreux maux de ventre de septembre 2009 à avril 2010, quand tu cédas quasiment dès ton arrivée... si tu m'avais téléphoné en pleurs... en m'expliquant qu'il avait profité de ton état, quelques heures après ton intoxication au monoxyde de carbone... J'aurais eu mal, très mal, mais nous aurions sauvé notre couple. Et maintenant, oui maintenant encore, il me reste ton « *je ne voulais pas mais je me suis laissée faire* », il était toujours ton mari sur les papiers « *il a essayé de reprendre sa femme* », tu comprends mais tu lui as expliqué que tu m'aimais... tu me l'écrivais ça oh oui... « *et il a compris...* » Tu me l'as caché, ce fut un secret, un horrible secret verbal entre nous, mais je l'ai ressenti. Ce cauchemar où je te vois baisée sur une table et finalement tu cours vers moi... et ce fut là le début de ce qui aurait dû constituer le mot FIN, ton orgueil t'ayant empêchée de me téléphoner en pleurs... « *je savais bien que si je t'avouais, tu m'aurais demandé de revenir en France.* » Tu as cru pouvoir tricher et continuer comme s'il ne s'était rien passé. Tu as cru pouvoir faire la pute et continuer à rester la sainte. Mais ce lien « merveilleux » comme nous l'écrivions encore m'avait tout balancé à la gueule, au cœur, au cerveau. Il a fallu tellement de cris pour que tu avoues et tellement de « *tu sais tout* » que ce soir, là, encore, en éjaculant, si tu savais, j'ai pensé « *sale putain.* »

Ce n'est pas l'amour, ce n'est plus de l'amour, ce n'est pas la sexualité qui soude notre couple mais la sensualité ; cette fusion de nos corps que tu n'imaginais pas possible, qui te retient, qui te fait tout supporter, même les pires insultes que tu as méritées. Mais la sexualité, celle dont tu pourrais te passer, la pénétration que tu regrettes "parfois" quand tu voudrais que j'apprécie nos corps serrés, oh oui que j'apprécie !... « *C'est suffisant* », la sexualité que tu ne peux pas vraiment connaître à cause de cette maudite excision. Cette mutilation, tu déconseilles à tes frères et sœurs de la pratiquer sur leurs filles, en leur expliquant qu'il ne s'agit pas d'une obligation musulmane mais d'une tradition, cette excision censée éviter aux femmes de devenir des femelles en chaleur « *comme les européennes* », cette excision qui permet à l'homme de s'assurer qu'il est le premier, plus je te regarde nue et plus son effet aphrodisiaque me trouble. Mais ce principe de la femme mutilée très excitante ne peut fonctionner qu'avec une soumission totale ! Comme tu me le résumais lors de nos premières journées d'amour, ces jours où j'arrivais chez toi avec la certitude de vivre des heures merveilleuses, encore après octobre 2008, malgré quelques inévitables instants de rappels du grand problème : « *une femme musulmane est toujours disponible pour son mari.* » Tu précisais néanmoins qu'il se devait de lui faire plaisir, en lui achetant des bijoux, des parfums, mais comprenais que je n'en aie pas les moyens. Oui, Amina, j'aimerais pouvoir te parler comme ça, en vrai, pas seulement dans ma tête... si tu avais réaccepté notre merveilleux lien, là, il te réveillerait. Oui, Amina, cette fusion de nos corps, de nos cœurs, de nos émotions, de nos rêves, a existé et contrairement à ton Carlo, je n'ai jamais montré ni ressenti de mécontentement face à tes absences d'orgasmes, j'ai toujours su ressentir, attendre, déclencher, les vibrations de ton corps, ce plaisir qui n'est peut-être pas de l'orgasme mais t'apporte une immense satisfaction, quand tu es d'accord pour l'accepter, quand il ne te fait pas peur, parce que je suis le seul à te l'avoir apporté, même après ta découverte de cet émerveillement possible, oui, tu as cherché ça également avec ce connard, oui, je le comprends mais je ne veux plus l'entendre ton « tu es le seul qui sache me faire l'amour »... mais oui, si nos corps fusionnent ainsi, c'est parce que je fais réellement attention au tien... et que tu es dans l'amour... quand tu es revenue en décembre 2009 avec dans ton ordinateur le résultat de ton test Vih, avec en toi cette trahison imbécile et indicible, oui, je me souviens très bien que nos corps ont éprouvé de grandes difficultés, car tu étais dans la culpabilité et je ressentais un profond malaise... Tu m'as trompé et même si je te trompais à mon tour, je ne te le pardonnerais jamais, tu as brisé la totale confiance que j'avais en toi, cette pureté à laquelle je t'associais. Malgré tes six mots, j'avais l'espoir de réussir à te permettre de dépasser cet endoctrinement, je pensais avoir le temps, je pensais le temps avec nous... oui, tu finirais par venir, car je te manquerais trop... Oui, j'avais une totale confiance en toi, je n'ai pas voulu recourir au chantage « nous vivons ensemble ou je te quitte » car je n'aurais pas supporté de t'avoir quittée alors qu'il suffisait d'attendre, je croyais qu'il suffisait d'attendre, il ne pouvait rien arriver... et à force de vivre en France, tu t'éloignerais de ces vieilles traditions...

J'entendais sa respiration. J'ai eu envie de lui faire l'amour. Mais je savais qu'il ne fallait surtout pas la réveiller, qu'elle se serait fâchée...

Il existe ainsi 78 chapitres. Le premier restera le plus long. J'espère vous avoir donné l'envie de lire la suite, d'explorer cette révolution numérique tout en suivant ces deux couples...

Mes principaux livres (papier ou numérique) et CDs sont également présentés sur http://www.autodiffusion.fr et http://www.utopie.pro

La charte de qualité de l'auteur indépendant

Il n'est même pas besoin d'exhiber quelques textes inutiles auto-édités pour dénigrer l'auto-édition, pratique accusée de mettre sur le marché les pires médiocrités agrémentées des fautes les plus élémentaires d'orthographe ou grammaire, parfois même avec un style d'élève en difficulté du CM1.

Il s'avère néanmoins sûrement exact que les livres vraiment auto-édités dans une démarche professionnelle (mon exclusion de "l'auto-édition réelle" des auteurs qui ne respectent pas un minimum la littérature a toujours dérangé les prétendues belles âmes du secteur pour qui « tout est littérature ») contiennent en moyenne plus de fautes que les livres des éditeurs "traditionnels".
Il ne s'agit pas forcément d'une question de qualité des auteurs mais de moyens. Même le passage par les correcteurs et correctrices professionnels ne permet pas de présenter des œuvres sans erreurs, qu'avant on appelait d'imprimerie. Mais depuis que l'imprimeur reprend un document PDF pour lancer l'impression, les éditeurs qui utilisent encore cet argument semblent miser sur la méconnaissance du grand public.
Monsieur Antoine Gallimard n'a pourtant pas

de leçons de qualité à nous donner : la communauté des pirates du livre numérique s'était amusée à corriger l'ebook d'Alexi Jenni, *l'art français de la guerre*, prix Goncourt 2011. Après l'hypothèse de l'utilisation du document PDF imprimeur, mouliné par un logiciel de reconnaissance graphique pour fabriquer la version numérique, des lecteurs de la version papier ont informé le web que ces coquilles se trouvaient également dans leur épais bouquin. La faculté de corriger rapidement sur l'ensemble du circuit de distribution un ebook constitue un avantage dont la portée ne semble guère avoir été analysée. Dans cette optique, j'ai décidé de récompenser les lectrices et lecteurs qui ne se contentent pas d'une moue de déception face aux erreurs mais les communiquent, en leur offrant un livre de leur choix du catalogue, trois formats disponibles (epub, pdf, amazon). Aucun papier offert ! Seule restriction, pour une question de taille des fichiers et vitesse de connexion à Internet d'un écrivain vivant à la campagne, ne pourront être envoyés que des ebooks dont la taille n'excédera pas cinq mégas, ce qui exclut les livres de photos (sauf ceux dont le PDF reste juste en dessous de la limite possible).

Naturellement, il ne vous faut pas réclamer ce livre ni envoyer les fautes constatées (réelles !

et non les choix comme mettre au pluriel un terme habituellement invariable ou reprendre une lettre d'un personnage dont les fautes d'orthographe constituent justement une caractéristique, ou même une libre violation des temps conseillés de conjugaison !) sur la plateforme d'achat mais à la page contact de www.ecrivain.pro en spécifiant le livre de votre choix, qui vous sera envoyé par mail après vérification des informations transmises.

Fautes réelles découvertes : un livre offert, l'engagement qualité de l'auto-édition.

Cette offre s'étend à l'ensemble de mon catalogue.

Stéphane Ternoise

À 25 ans, Stéphane Ternoise a quitté le confortable statut de cadre en informatique (qui plus est dans le douillet secteur des assurances), pour se confronter à son époque, essayer de vivre de sa plume en toute indépendance. Il redoutait de finir pantin d'un grand groupe où même les maisons historiques peuvent se retrouver avec Jean-Marie Messier ou Arnaud Lagardère comme grand patron.

Stéphane Ternoise est auteur-éditeur depuis 1991, devenu spécialiste de l'auto-édition professionnelle en France. Il créa « logiquement » http://www.auto-edition.com en l'an 2000, une activité alors quasi absente du web !

Son éclairage sur l'univers de l'édition française a rapidement suscité quelques difficultés, dont une assignation au Tribunal de Grande Instance de Paris, en juin 2007, par une société pratiquant le compte d'auteur, finalement déboutée en septembre 2009.

Dans un relatif anonymat, l'auteur lotois a réussi à publier 14 livres en papier, à continuer en vivant de peu. Depuis 2005, ses livres sont aussi en vente en version numérique. Il s'agissait d'abord de simples PDF. L'auteur-éditeur a consacré l'année 2011 à la réalisation de son catalogue numérique, publiant ainsi ses pièces de théâtre, sketchs et textes de chansons en plus des romans, essais et recueils adaptés aux formats epub et Mobipocket Kindle…

La multiplication des questions et l'information approximative balancée sur de nombreux blogs par de néo-spécialistes de l'auto-édition autopublication, l'ont décidé à écrire sur cette révolution de l'ebook. Le guide l'auto-édition numérique est ainsi devenu son web best-seller !

Depuis octobre 2013, et son « identifiant fiscal aux États-Unis », son catalogue papier tend à rattraper celui en pixels.

Il convient donc de nouveau d'aborder l'auteur sous le biais de l'œuvre. Ainsi, pour vous y retrouver, http://www.ecrivain.pro essaye de fournir une vue globale. Et chaque domaine bénéficie de sites au nom approprié :

http://www.romancier.org
http://www.parolier.org

http://www.essayiste.net

http://www.dramaturge.fr
http://www.lotois.fr

Vous pouvez légitimement vous demander pourquoi un auteur avec un tel catalogue ne bénéficie d'aucune visibilité dans les médias traditionnels. L'écriture est une chose, se faire des amis utiles une autre !

Catalogue

Romans (http://www.romancier.org)
Le Roman de la révolution numérique également sous le titre
Un Amour béton
Ils ne sont pas intervenus (le livre des conséquences)
également sous le titre *Peut-être un roman autobiographique*
La Faute à Souchon ? également sous le titre *Le roman du show-biz et de la sagesse (Même les dolmens se brisent)*
Liberté, j'ignorais tant de Toi également sous le titre *Libertés d'avant l'an 2000*
Viré, viré, viré, même viré du Rmi
Quand les familles sans toit sont entrées dans les maisons fermées

Edition (http://www.auto-edition.com)
Le guide de l'auto-édition, papier et numérique
Le manifeste de l'auto-édition - Manifeste politico-littéraire pour la reconnaissance des écrivains indépendants et une saine concurrence entre les différentes formes d'édition
Écrivains, réveillez-vous ! - La loi 2012-287 du 1er mars 2012 et autres somnifères
Le livre numérique, fils de l'auto-édition
Réponses à monsieur Frédéric Beigbeder au sujet du Livre Numérique (Écrivains= moutons tondus ?)
Comment devenir écrivain ? Être écrivain ? (Écrire est-ce un vrai métier ? Une vocation ? Quelle formation ?...)
Copie privée, droit de prêt en bibliothèque : vous payez, nous ne touchons pas un centime - Quand la France organise la marginalisation des écrivains indépendants
Alertez Jack-Alain Léger !

Théâtre : (http://www.dramaturge.fr)
La baguette magique et les philosophes
Neuf femmes et la star
Avant les élections présidentielles

Les secrets de maître Pierre, notaire de campagne
Deux sœurs et un contrôle fiscal
Ça magouille aux assurances
Pourquoi est-il venu ?
Amour, sud et chansons
Blaise Pascal serait webmaster
Aventures d'écrivains régionaux
Trois femmes et un amour
Chanteur, écrivain : même cirque
« Révélations » sur « les apparitions d'Astaffort » Brel / Cabrel (les secrets de la grotte Mariette)
J'avais 25 ans

Pour troupes d'enfants :
La fille aux 200 doudous
Les filles en profitent
Révélations sur la disparition du père Noël
Le lion l'autruche et le renard
Mertilou prépare l'été
Nous n'irons plus au restaurant

Recueils :
Théâtre peut-être complet
La fille aux 200 doudous et autres pièces de théâtre pour enfants
Théâtre pour femmes

Chansons : (http://www.parolier.info)
Chansons trop éloignées des normes industrielles
Chansons vertes et autres textes engagés
Parodies de chansons - De Renaud à Cabrel En passant par Cloclo et Jacques Brel
Chansons d'avant l'an 2000
Vivre Autrement (après les ruines), l'album invisible...

Chansons - Cds : (http://www.chansons.org)
Vivre Autrement (après les ruines)
Savoirs
CD Sarkozy selon Ternoise (parodies de chansons, 2006)

Photos : (http://www.france.wf)
Cahors, 42 inscriptions aux Monuments Historiques
La disparition d'un canton : Montcuq
Montcuq, le village lotois
Cahors, des pierres et des hommes. *Photos et commentaires*
Limogne-en-Quercy Calvignac la route des dolmens et gariottes
Saint-Cirq-Lapopie, le plus beau village de France ?
Saillac village du Lot
Limogne-en-Quercy cinq monuments historiques cinq dolmens
Beauregard, Dolmens Gariottes Château de Marsa et autres merveilles lotoises
Villeneuve-sur-Lot, des monuments historiques, un salon du livre... -Photos, histoires et opinions
Henri Martin du musée Henri-Martin de Cahors - Avec visite de Labastide-du-Vert et Saint-Cirq-Lapopie sur les traces du peintre
L'église romane de Rouillac à Montcuq et sa voisine oubliée, à découvrir - Les fresques de Rouillac, Touffailles et Saint-Félix
Cajarc selon Ternoise

Livres d'artiste (http://www.quercy.pro)
Quercy : l'harmonie du hasard
Lot, livre d'art
Montcuq, livre d'art
Montaigu de Quercy, livre d'art
Quercy : l'harmonie du hasard
La beauté des éoliennes
Golfech, c'est beau un village prospère à l'ombre d'une centrale nucléaire
Jésus, du Quercy

Essais (http://www.essayiste.net)
Ya basta Aurélie Filippetti !
Amour - état du sentiment et perspectives
Contrairement à Gérard Depardieu, dois-je quitter la France ?
Cahors, municipales 2014 : un enjeu départemental majeur
Quand Martin Malvy publie un livre : questions de déontologie

Politique : (http://www.commentaire.info)
Ce François Hollande qui peut encore gagner le 6 mai 2012 ne le mérite pas
Nicolas Sarkozy : sketchs et Parodies de chansons
Bernadette et Jacques Chirac vus du Lot - Chansons théâtre textes lotois
Affaire Ségolène Royal - Olivier Falorni Ce qu'il faut en retenir pour l'Histoire - Un écrivain engagé, un observateur indépendant
François Fillon, persuadé qu'il aurait battu François Hollande en 2012, qu'il le battra en 2017

Notre vie (http://www.morts.info)
La trahison des morts : les concessions à perpétuité discrètement récupérées - Cahors, à l'ombre des remparts médiévaux, les vieux morts doivent laisser la place aux jeunes...
Cahors : Adèle et Marie Borie contre Jean-Marc Vayssouze-Faure

Jeux de société
http://www.lejeudespistescyclables.com
La France des pistes cyclables - Fabriquer un jeu de société pour enfants de 8 à 108 ans
Le bon chemin pour Saint-Jacques-de-Compostelle

Divers :
La disparition du père Noël et autres contes
J'écris aussi des sketchs

Vive les poules municipales... *et les poulets municipaux -*
Réduire le volume des déchets alimentaires et manger des
oeufs de qualité
Le Martyr et Saint du 11 septembre : Jean-Gabriel Perboyre

En chti : (http://www.chti.es)
Canchons et cafougnettes (Ternoise chti)
Elle tiote aux deux chints doudous (théâtre)

Œuvres traduites (http://www.traducteurs.net)
La fille aux 200 doudous :
- *The Teddy (Bear) Whisperer* (Kate-Marie Glover)
- Das Mädchen mit den 200 Schmusetieren (Jeanne Meurtin)

- Le lion l'autruche et le renard :
- How the fox got his cunning (Kate-Marie Glover)

- Mertilou prépare l'été :
- The Blackbird's Secret (Kate-Marie Glover)

- *La fille aux 200 doudous et autres pièces de théâtre pour*
enfants (les 6 pièces)
- La niña de los 200 peluches y otras obras de teatro para niños
(María del Carmen Pulido Cortijo)

138

Mentions légales

Site officiel : http://www.ecrivain.pro

Présentation des livres essentiels : http://www.utopie.pro

Pour en savoir plus : *Contrairement à Gérard Depardieu, dois-je quitter la France ? Exil littéraire au Burkina Faso pour les écrivains ? - Les conséquences des politiques d'Aurélie Filippetti, Martin Malvy, Gérard Miquel, François Hollande et les autres*

Dépôt légal à la publication au format ebook du **8 septembre 2013**.

Imprimé par CreateSpace, An Amazon.com Company pour le compte de l'auteur-éditeur indépendant.
livrepapier.com

ISBN 978-2-36541-582-8
EAN 9782365415828
Rentrée littéraire 2013, 555 romans, et la révolution numérique de Stéphane Ternoise
© Jean-Luc PETIT - BP 17 - 46800 Montcuq - France

www.ingramcontent.com/pod-product-compliance
Lightning Source LLC
Chambersburg PA
CBHW051722090426
42738CB00010B/2040